だいわ文庫

本田健の
人生を変える1分間コーチング

本田 健

大和書房

はじめに

普通に生きていると、人生は、これまでの延長線上に展開していきます。

けれど、誰かと会ったり、テレビのインタビューを見たりすることで、人生は一気に変わることがあります。

考え方一つで、ガラッと人生観が変わったり、何かやってみようと思ったことは、誰にでもあるのではないでしょうか？

本書の1分間コーチングでは、それぞれのページに、あなたの人生を変えるようなコンセプトを入れています。

さらっと読み飛ばしていただいてもいいですし、じっくり向き合ってくださっても構いません。

何か心に響くものがあったら、ぜひ行動に移してください。

きっと、それが何か面白いことにつながっていくことでしょう。

本田健の人生を変える1分間コーチング ◻ 目次

第1章 お金に愛されるレッスン

第2章 人間関係をよくするレッスン

第3章　ベスト・パートナーになるレッスン

第4章 才能を見つけるレッスン

第5章　運を味方にするレッスン

第1章

お金に愛されるレッスン

あなたの人生には、どんなお金が流れていますか。

もし、お金が水だとしたら、きれいで十分な量が流れているでしょうか？

それとも、流れが止まって、干上がった状態になっているでしょうか？

あるいは、濁流になって、流されそうですか？

あなたの身近な人はどうでしょう。両親、兄弟姉妹、まわりの友人のお金の流れはどうでしょうか？

あなたの会社は、どうですか？

今住んでいる地域には、お金がいっぱい流れていますか？

ごく身近にある「お金の流れ」を感じてみてください。

その流れは、あなたにとって楽しいもの、苦しいもの、ワクワクさせたり、イライラさせるようなものでしょうか？

あなたのまわりにどんなお金が流れているかを感じることで、今までとはまったく違ったものが見えてきます。

□もしも、お金がエネルギーだとしたら？

お金と聞くと、多くの人は紙幣や貨幣だったり、預金通帳や電子マネーをイメージするのではないでしょうか。

でも、お金を別の視点から見ると、「お金とは、エネルギーである」ことがわかります。

あなたが会社勤めをしているとしたら、会社に対して自分の持つエネルギーを差し出し、お金のエネルギーを対価として受け取っていることになります。

フリーランスで働いている人は、複数の会社やクライアントにエネルギーを与え、一つの案件につきいくら、一つのプロジェクトに対していくらというかたちでお金のエネルギーをもらっているわけです。

このように、多くの人にとってのお金は、労働の対価として受け取るエネルギーです。与えるエネルギーが過剰で、受け取るエネルギーが少ないと、それがストレスになり、嫉妬や無力感を感じたり、鬱などの病気になったりします。

あなたの人生に流れるお金をエネルギーとして見るとしたら、どんな種類のものが流れているでしょうか。

ワクワクするエネルギーなのか、あるいは、気分をすごく暗くさせるエネルギーなのか。

不満や怒り、悲しみを伴った暴力的なエネルギーなのか、それとも、喜びや感謝の気持ちを伴った優しい愛のエネルギーなのか。

お金というのは、入ってくる量や出ていく量も大事ですが、どういう種類のエネルギーが自分の人生に流れているかで、人生の楽しさも変わってきます。

お金に愛される生き方をしようと思ったら、まずは、お金をエネルギーとして感じる習慣を持つようにしましょう。

自分がどんなエネルギーを提供し、どんなエネルギーを受け取っているかを知ることが大事です。

□あなたにとってお金とは何？

世の中には二種類の人間がいて、生産にエネルギーを注ぐ人と、消費にエネルギーを注ぐ人がいます。お金の流れから見たときに、より生産したいと思う人と、より消費したいと思う人がいるわけです。

「自分にとってお金とはいったいどういう存在なのか」を考える場合、「自分が何かを与えた証し」と答える人は、何かを生み出すことに興味があります。

反対に、何かを買うためのもの、望む生活を送るためのものという人は、消費に興味があることがわかります。自分の人生がどちらに重きを置いているかによって、その人にとってのお金とは何なのかということが見えてくるでしょう。

お金は、自由を生み出すものなのか。それとも、自由を保障してくれるものなのか。お金があったら喜びになるのか。あるいは人を喜ばせるものか、家族を喜ばせるものなのか。そういうことが、あなたの人生をつくっています。

□お金を人間にたとえると、どんな人物？　動物なら？

あなたの人生に流れるお金。もし、それを人間にたとえるとしたら、それはどんな人だと思いますか。

すごく優しくて、親切で愛に溢れている。いつも一緒にいたいような存在でしょうか。あるいは、すごく意地悪で冷たくて、「イヤだ、早く出ていってほしい」という人なのか。どういうタイプなのかということを考えることで、あなたがお金に対してどういう気持ちを持っているかがわかるでしょう。

では次に、お金を動物にたとえるとしたら、それはどんなイメージでしょうか。

ある人は、「ネコ。可愛がろうと思ったら必要なときにいない」と言いました。

また、タイ人の私の教え子は、「ゾウ。踏み潰されそうだから気をつけなくちゃいけない」と言うのです。あなたにとってのお金は、どんなイメージでしょうか。

それがあなたのお金観がどんなものかを教えてくれます。

□初めてお金を意識したのは、どんなとき？

イメージのなかで、自分が小さい頃にタイムスリップしてみてください。

あなたが初めてお金というものを意識したのは、いつだったでしょうか。

そのとき、どんなことが起きたでしょうか。そして、あなたは、どんなふうに感じたでしょうか。想像してみましょう。

そのときの記憶が、あなたのお金観をつくっている可能性があります。

親が事業に失敗した、相続の問題で両親が親戚と揉めていた、お金持ちの友だちに嫉妬したなど、お金にまつわるドラマが思い出されるのではないでしょうか。

そうしたドラマが、あなたのなかで、お金に対する恨みつらみとなって残っていることもあります。

記憶の奥にしまいこんだドラマを思い出すことで、お金に対するネガティブな観念から自分を解放してあげることが大切です。

□どんなことを感じて、お金とつき合っている？

私たちはお金のことを考えるとき、不安だったり、怒りや悲しみだったり、感謝の気持ちなど、いろんな感情を同時に抱きます。そのほとんどが無意識に感じるものなので、多くの人は自分の感情について考えることはないかもしれません。

しかし、無意識に感じる感情のために、人生に制限を受けています。

たとえば本当はやりたいことがあるのに、お金の不安のせいでできないままになっていることがありませんか？　あるいは、自分の意にそわない仕事をしていたりするのも、「今持っているお金がなくなったらどうしよう？」とか、「仕事を失ったらどうしよう？」といった、お金がらみの不安のせいではありませんか。

しかし、こうした不安は人生の不安であって、お金とは直接関係ありません。

人生の恐れに直面することが先で、お金でなんとかしようとしても、解決にはつながらないのです。

□ それはお金の問題？

もし、「お金がないから○○できない」「お金さえあれば○○できるのに」と思ったら、ほとんどの場合、お金が問題ではないと知っておいてください。

お金は人生のあらゆる面に顔を出すので、何か問題が起こるたびに、それはお金の問題のように見えるかもしれません。あなたにも「お金さえあれば」と考えてしまったことが、一度くらいはあるのではないでしょうか？

しかし、それは、自分が本当にそれをやりたいかどうかであったり、自分の自信のなさと向き合うチャンスだったりします。

お金を「何かができない理由」にしてしまうと、それ以上先に進めません。お金と人生のいろいろなことを、上手に切り離して考えるようにしてください。

「お金さえあれば……」と決めつけていることはありませんか？

それは、お金がないとできないことでしょうか。

□お金の不安を少なくするには？

人がお金をほしがる理由の一つに、「お金が安心をもたらしてくれる」ということがあると思います。お金が十分あれば、将来のことを心配せずにすむと考えるのでしょう。

しかし、お金があれば、それだけで安心できるとはかぎりません。なぜなら、安心できるかどうかは、貯金額の問題ではなく、どちらかというと心の問題だからです。不安がどこかにあるかぎり、本当の安心はやってきません。

私たちは、お金の不安を感じると、「もっとお金が必要だ、もっと仕事をしなくては」と考えがちです。あるいは「できるだけ使わないようにしよう」と不健康な節約に走ったりします。

しかし、そんなことをしても安心感を得ることはできないし、誰の幸せにも役立っていないことを思い出してください。

□マネーゲームの対戦相手は誰なのか？

まわりの人の経済的な豊かさを評価の基準にしてしまうと、いつまで経っても勝った、負けたというゲームから抜け出ることはできません。

たとえば、目標にしていた年収一〇〇〇万円を達成しても、その頃にはまわりにもっと稼いでいる人が増えてきて、次は年収三〇〇〇万という具合に、「まだ、足りない」「もっと、もっと稼がなくちゃ」という気持ちになるものです。

ですから、あなた自身が、マネーゲームの対戦相手になる必要があります。なぜなら、あなたの経済的な豊かさを評価できるのは、あなたしかいないからです。

どれだけたくさんのお金を稼いだり、持っていたりしたとしても、対戦相手が他人であるかぎり、「まだ、足りない」という欠乏感は続くでしょう。

お金の欠乏感を手放すためには、「他人と比べること」をやめて、「対戦対手を自分にする」と決めることがファーストステップです。

□あなたの財布には、どんなお金が入っている？

私は以前、あるパーティーの席で、知り合ったばかりの女性から、「あなたの財布のなかを見せてくれませんか？」と頼まれたことがあります。

ちょっとギョッとしましたが、彼女がその場で持ち逃げするとは思えなかったので財布を渡したら、その女性は、財布のなかからお札を全部抜き出して、「これは大丈夫、これも合格」と紙幣を一枚ずつチェックしだしました。しばらくして、「健さんの財布には、ニコニコ笑っているお金がたくさん入っていますね。これから、もっと豊かになりますよ」と言って私に財布を返してくれました。

「え？　合格ってどういう意味ですか？」と驚いて聞くと、その女性は霊能師で、人には見えないものが見えるということでした。

そして、「お金はどのように受け取るか、支払うかで、笑うこともあれば泣くこともある」と教えてくれました。

人を不幸にしたり、好きではない仕事で嫌々得たお金というのは、ニコニコせずに、泣いていたり、怒っていたりするそうです。

あなたの財布にはどんなお金が入っているでしょうか。あなたのお金がニコニコ笑っているのか、あるいは泣いているのかを考えてみてください。

あなたが自分の仕事や人生に満足しているなら、あなたのお金も財布のなかで笑顔になっているはずです。

憧れの会社に入ったのに、予想外の部署に配属されて、やりたくないことばかりやらされている、と思っている人もいるでしょう。だとしたら、半分のお金はニコニコしているけれど、半分のお金は泣いていたり、イライラしている可能性が高いのです。

あなたのお金は、どんな表情をしていますか？

笑っているでしょうか？

それとも、泣いているでしょうか？

楽しく想像してみてください。

□ハッピーマネーがどれだけ溢れている？

世の中には、楽しいお金（ハッピーマネー）と悲しいお金（アンハッピーマネー）があります。

ハッピーマネーとはあなたがお金を受け取ったときに幸せな気持ちになって、そのお金を使うときにも楽しくなるようなお金です。

たとえば、お小遣いを貯めて、両親にプレゼントするとしたら、それはハッピーマネーです。

あるいは、おじいちゃん、おばあちゃんから誕生日にプレゼント代わりにお金が送られてきて、「おめでとう。お前は大切な孫だよ」とメッセージカードに書いてあったら、それも嬉しいお金ですね。

自分の信条にあった団体や慈善活動を見つけて寄付するお金なども、金額は関係なく、すごく人を幸せにするハッピーマネーです。

お客さんに感動を与えたり、感謝されたりする仕事をして、心からの「ありがとう」とともに受け取るお金。お互いに納得し、喜んでお金のやり取りをするという嬉しいお金もあります。

世の中には、こうやって人を幸せにするような種類のお金も流れています。

そのお金に触れると心がオープンになる。あなたを優しく温かい気持ちにさせるような作用があるとしたら、それがハッピーマネーだと考えてください。

あなたの人生には、どれだけハッピーマネーが溢れていますか？

この話をすると、「自分の人生にはハッピーマネーなんてないです」と言う人がいるのですが、では、どうやったら、ワクワクするお金をもらえるのか。どうやったら、ワクワクしてお金を使えるのか。

それを知ることによって「人生の質」がまったく違ってくるのです。

ハッピーマネーを得るのに、大金を稼ぐ必要はありません。

あなたが、楽しく受け取って、幸せに次に回すだけでいいのです。

□アンハッピーマネーが、どれだけ溢れている？

アンハッピーマネーとは、あなたの人生に流れているかもしれない、人を不幸にするお金です。

「本当はこんな仕事、したくなかったんだ」と思って受け取るお金。税金や経費、家賃やローンの返済など本当は払いたくないと思いつつ渋々払うお金。

あるいは、つまらない映画を見てガッカリしたり、「失敗した、お金を返してほしい」とイライラしたというお金、うっぷん晴らしで使うお金など、あなたがネガティブなエネルギーを抱えながら受け取ったり使ったりしたら、そのお金はアンハッピーマネーになります。

また、これは日本人にありがちなのですが、自分が提供したエネルギーに見合った報酬を相手が出してくれているにもかかわらず、「こんなにもらってしまって申し訳ない」という罪悪感を持って受け取るのも、アンハッピーマネーです。

興味深いのは、お金持ちであってもなくても、楽しいお金で生活している人もいれば悲しいお金で生活している人もいる、ということ。つまり、同じお金であっても、それを受け取る人、使う人のものの見方によって、全然違う種類のお金が流れる、ということです。

どのお金の流れを体験するかは、あなたがどういう気分で毎日を生きるかにかかってきます。

あなたがイライラしながら仕事をして、不満だらけで生きていたら、アンハッピーマネーがやってきます。

あなたが、幸せに仕事をしていたら、たくさん幸せなお金がやってくるでしょう。

どの流れに乗るのかは、一〇〇%あなたが決められる、ということを理解してほしいと思います。

これからの人生、ハッピーマネーで生きるか、アンハッピーマネーで生きるか。

あなたは、どちらの人生を選びますか？

□最近、お金を使って、楽しい体験をしたことは？

お金と上手につき合う最初のステップは、「お金は素晴らしくて、楽しいものだ。人を幸せに笑顔にできるものだ」と考えることです。

実際に、お金は、あなたに素敵な体験を持ってきてくれるからです。

最近、お金を使って、楽しい体験をしたことを思い出してください。

それは、誰かと食事をしたことでしたか？　それとも、自分へのご褒美に何かを買ったことや誰かにプレゼントをあげたことかもしれません。

お金は、人を幸せにできる美しいエネルギーです。自分のため、家族のため、誰かのために、モノやサービスと交換されることを待っています。

しかし、多くの人は、お金を使うのを恐れて、ひたすら貯め込んでいます。将来に不安を感じているために、手元のお金を使わない、使えないのです。これは、素晴らしい人生を送れる権利を放棄していることと同じなのです。

□お金と楽しんでつき合っている人は、どんな人？

あなたのまわりで幸せにお金を稼いで、使っている人。金額はあまり関係ありませんが、お金を楽しめている人は、どれくらいいるでしょうか。

お金を楽しんでいる人は、お金を稼ぐこと、貯めること、使うこと、寄付することを、すべて楽しむ心の余裕があります。その一つひとつのプロセスを、ワクワクしながら、感謝とともに実践しているのです。

仕事をくれる会社、あるいはお客さんに対して、心から感謝してお金を受け取り、そのお金を使って、今度は自分の大好きなものを買ったり、レストランに行ったり、ワクワクしながらお金を使う。すると、今度はその人発による楽しいお金が流れていくわけです。

感謝が感謝を呼んで、次の人に感謝で伝わっていく。そんな、きれいなお金の流れが生まれます。

□お金のストレスを感じているのは、どんな人？

あなたのまわりに、お金のストレスを抱えている人はいませんか？　お金のストレスで苦しんでいる人は、お金に対して制限的な考え方を持っていて、そのことが人生全体に暗い影を落としていることに気づいていません。稼ぐこと、使うこと、守ること、誰かにあげることのすべてに、ストレスを感じています。

お金が入ってきたときには「どうしてもっと入ってこないのか」と悩み、お金を使うときには「〇〇円も取られた」「〇〇のほうがお得だ」とイライラします。どこかに寄付するときにも、「なんか、もったいない」と感じてしまいます。

ひょっとしたら過去に、お金のことで親が苦しんだり、祖父母が苦しんだり、友だちが苦しんだり、あなた自身も苦しんだことがあるかもしれません。そういった人たちのことを思い出しながら、お金のストレスで苦しむのがどんな人なのかを見てみましょう。

□お金に愛される人は、どんな人？

あなたのまわりで、お金を回すのが上手な人はいませんか？

豊かに人生を楽しんでいる人たちを観察してみましょう。

どんなふうに稼いでいるのか。仕事の取引先はどんな人か。何に一番お金を使っているのかなど、お金に愛されていると感じる人の生き方を研究してみてください。きっとその人が持っている独特のエネルギーがあるはずです。

彼らは毎日何をやって生活しているのでしょうか？

そういう人たちの生き方を見て、次にすることは、あなた自身が「自分はどうしたいのか」を考えることです。どういう仕事のやり方が自分に合っているのか、自分の性格や才能に応じた生き方が見つかるはずです。

自分が「こんな生き方をしたい」と思う人のやり方を学んでいきましょう。

□お金を粗末にしている人は、どんな人？

お金で失敗する人は、お金のことがよくわからずに、粗末に扱う人です。あるいは、お金とのつき合い方が下手なために、いつもお金のことで悩んでいる人です。あなたもひょっとしたらその一人かもしれません。

無駄なお金の使い方をした結果、使いたいと思うときに、必要なお金が手元にない。お金の知識がないために、投資で失敗したり、誰かの保証人になってしまう。実力がないのに会社の経営をしたり、自分の器を超えたお金を動かしてしまったり……。親戚のおじさん、近所の人、上司や先輩などを思い浮かべてみましょう。人はどのようにお金で失敗するのかを考えてみてください。

そして、自分はそういう生き方をしないようにする、ということを決めてください。自分が将来どういう状況になったらお金に困るのかを想像し、そうならないように準備することが大切です。

□お金を引き寄せる人は、どんな人？

人間的な魅力がない人は、お金にも縁がなくなります。なぜかというと、お金は、人間関係に乗ってやってくるからです。

引きこもっている人、誰かに不義理する人には、金運はやってきません。どこかにいい話があったとしても、そういう人には回ってこないでしょう。代わりにやってくるのは、儲け話、怪しい投資の話です。それは、その人からお金をだまし取ろうとしてやってくるわけで、チャンス到来なんて喜んでいたら、いいカモにされてしまいます。

普段から人を大切にして、上手につき合っていないと、どんどん運が悪くなります。いったん、この運の下降スパイラルにはまると、自分で抜け出すのは、難しくなるのです。もともと人が好きでなかったのに、変な人しかやってこない、しかも、だまそうとする人ばかりがくるので、ますます人間不信になるのです。

人間的に魅力があり、豊かな人生を生きている人は、他人に与える人、まわりのことを考えて動ける人です。そういう人でありたいと思って、実際にそういう行動をとっていなければ、運は巡《めぐ》ってきません。

生命エネルギーがない人も、同じようにお金に縁がなくなります。お金は、「ノリが良くて、エネルギーがあるところ」に集まります。エネルギー不足でどんよりしている人には、流れていかないようになっているのです。

逆にいうと、あまり才能がなくても、人柄が良くなくても、「ノリが良くて情熱的な人」には、お金の女神は微笑みます。磁石に引き寄せられる金属のように、引き寄せられるのです。それは、ズルいことをしている人、犯罪者のなかにお金を稼ぐのが上手な人がいる理由でもあります。

お金は、パワフルで磁力の強い人、会社、さらに国や地域に惹きつけられるようになっているのです。

□入ってきたお金に「ありがとう」と言っている？

あなたは、お金を受け取ったときに、どれくらい「ありがとう」という感謝の気持ちを伝えていますか？

お祝いをもらったときや、自分が想定していた以上の報酬をもらったときは、ほとんどの人が「ありがとう」と言っていると思います。

では、毎月の給与やお小遣いをもらったときは、どうでしょう？

いつの間にか、もらうのが当然だという感じになっていて、感謝の気持ちを忘れていませんか？

お金に愛される人は、労働などの対価としてお金を受け取った場合も、この感謝を忘れません。お金がやってきてくれたことで、そのぶん、また楽しいことができるし、そんなにも価値あるものをくれたことに「ありがたいな」と感じるのです。

□出ていくお金に「ありがとう」と言っている？

お金に愛される人は、お金が入ってきたときだけ「ありがとう」を言うわけではありません。お金が出ていくときにも、感謝の気持ちを表しています。

こんなに素敵な体験をさせてくれて、「ありがとう」と快く送り出しています。

ところが普通の人は、お金が入ってくるのはいいけれど、出ていくのはイヤだと思っています。だから、お金が入ってきたときは感謝しても、出ていくときはお金が「減る」ことに意識が向いてしまうわけです。

そのときには、イライラしたり、自分の一部がもぎ取られてしまうような感覚を持つかもしれません。

お金に愛されたいと思ったら、お金が出ていくときにも、「ありがとう。いろんなところを旅して、仲間を連れて、また帰ってきてね」と笑顔で気持ちよく送り出しましょう。

□お金の流れに愛を見る

あなたのまわりに流れているお金を「愛」の視点から見てください。

お金は、あなたが、誰かに何かのサービスを提供したときに、入ってきます。

それをエネルギー的に見たら、あなたがエネルギーを提供したことで、お金が入ってきたといえるでしょう。

そして、感謝と愛の気持ちを持って、お金を払います。

そのお金は、次に受け取る人、その次の人にどんどん幸せをもたらしてくれます。

そういう視点から、お金の流れに愛を見いだしてください。

これができるようになると、あなた発でお金の素晴らしい流れをつくることができます。

お金の流れに愛を見つけましょう。

□お金に愛を与える

多くの人は、お金に対して不満を抱いたり、自分の人生がうまくいかないことをお金のせいにしたりします。

けれど、一度、お金の立場になって考えてみてください。何かあるたびに悪く言われ、責められたら、お金だって近づきたくなくなるのも当然でしょう。そんな人のところには行きたくない、早く離れたいと思うのではないでしょうか？

今日まであなたには少なくとも、最低限生きてこられるだけのお金があったはずです。つまり、あなたのところに来てくれたお金は、どんなに悪態をつかれても、最終的には見捨てないで相当の貢献をし続けてくれたわけです。そんなにもあなたのことを思い、支えてくれるお金って、愛おしいと思いませんか？

幸せで豊かな生活をしている人はみんな、お金そのものが大好きです。それは「金の亡者」という意味ではありません。お金という概念やエネルギーなど、お金そのもののことを愛しているのです。

そして、愛しているからこそ、お金を言い訳にしないし、お金が来てくれたら歓迎し、お金が出かけるときも、笑顔で見送ります。そうやってお金を愛し、大切にするからこそ、彼らはお金に愛され、ますます豊かになるのです。

お金を愛し、お金のサポートを得て、この世界にあなたの愛や情熱を表現してください。

お金にとって、あなたの表現を手伝うことは、最も大きな喜びです。そういう機会をお金に与えること自体が、あなたのお金に対する愛情表現にもなります。

お金とこの世界にあなたの愛を表現するほど、あなたはお金に深く愛されるでしょう。

お金に愛される生き方を目指してください。

お金に愛されるようになると、人生が今までの何倍も楽しくなってきます。

□お金にポジティブなエネルギーを注ぐ

多くの人は、せっかくポジティブなエネルギーのお金を受け取っても、それを貯め込んで、エネルギーの流れを滞らせてしまいがちです。でも、それだと、せっかく近くまできたお金のエネルギーが、もっと流れのいいところへ行ってしまいます。

お金を過度に貯め込んで腐らせるのではなく、楽しく使って、きれいに次の人へ流していきましょう。それが、また新しいお金の流れをつくります。

今、手元にあるお金を使ってしまったら、将来お金が必要になったときに困ってしまう。だから、手元に貯めておきたい。そのほうが安心できる。そういう人もいるでしょう。

ところが、お金は元来、自由に流れるエネルギーであって、無理やり、留め置かれるのは好きではありません。「どこにも行かないで！」とお金にしがみつくほど、お金は「もっと自由にさせてよ」と言って、去ってしまうのです。

お金がなくなる不安から逃れるために、お金を貯めて安心しようとしていたはずが、皮肉にも、お金を貯め込もうとすればするほど、お金に嫌がられてお金の流れが悪くなり、お金がない状態に近づいていくのです。

これが、豊かさの秘密なのです。

この世界は、自分がより強く意識を向けたものが拡大したり、実現するようにできています。つまり、心からお金を信頼して、お金を貯め込みすぎないようにすれば、信頼したとおり、お金は流れてくるし、お金を疑って、不安や恐れからお金にしがみつけば、その疑いどおり、お金は逃げていくのです。

そもそも、お金は自分の内面を映す鏡。お金を信頼できないのは、自分の人生を信頼できていないからです。

お金に愛されたいと思ったら、今ある豊かさやお金に愛されている未来に、もっと意図的に意識を向けるようにしましょう。気がついた頃には、いつの間にか自分の人生にたくさんのお金が流れることになると思います。

□毎日、ワクワクすることを選んでいる?

あなたは、毎日どれだけワクワクしていますか?

お金に愛される人は、一日のほとんどを、ワクワクしながら過ごしています。それも、何か面白いことがあったからワクワクするのではなく、自分をワクワクさせる達人だから、楽しく過ごすことができるのです。

このあたりのことがわかってくると、幸せに生きるコツもわかってきます。

たとえば、仕事を選ぶとき、彼らは給与や福利厚生などの待遇で決めたりしません。そういう条件の良し悪しよりも、自分がその仕事を好きかどうか、ワクワクするかどうかで決めます。

だから、彼らにとって仕事は、ただ生活のために働いてお金を稼ぐ手段なのではなく、好きなことをして人に喜んでもらう楽しみの時間なのです。

世の中の多くの人が、損得や有利不利、世間体などで物事を決めています。それがいけないわけではありません。ただ、そういう決め方ではたいして心は動かないし、エネルギーも高まりません。

コストパフォーマンスを考えて、得するほうを選んだつもりでも、それでエネルギーレベルが下がってしまったら、結局、お金というエネルギーもそのぶん離れてしまうことになるのです。

お金に愛されるためには、「自分のエネルギーを最大限に高めて生きること」が大切です。

お金に愛されたいと思ったら、ワクワクするほうを選ぶようにしましょう。それだけであなたの人生は、今までよりももっと幸せになるし、豊かさを引き寄せる力も高まるでしょう。

今、幸せなお金持ちになっている人は、ずっと幸せでワクワクしてきたわけではありません。ある時点で、そういう人生に憧れて、「そうなりたい！」と強く思ったときが、転機だったのです。

あなたにとって、その転機は、今かもしれません。

□今、あなたが与えられるものは？

今のあなたに、何か世界に与えられるものがあるかを考えてください。

あなたが与えるものの質と量が、あなたに豊かさをもたらすものを決めます。

与えるといっても、高いプレゼントをあげるという意味でありません。大切なのは、自分を与えよう、分かち合おう、人に喜んでもらおうという気持ちです。

たとえば、朝から気持ちのいい挨拶をする。重そうな荷物を持ってあげる。職場にちょっとしたお菓子を買っていく。おすすめの本や映画を紹介する。知人を自宅に招いて、食事を振る舞う……。今の経済状態がどうであっても、人に喜んでもらおうという気持ちさえあれば、何かしら相手に与えられるものが見つかります。つまるところ、分かち合うことができるかどうか、相手に与えられるかどうかは、自分の心意気の問題なのです。

あなたのものをなんでも与えようという気持ちが、豊かさへの扉を開きます。

□与える生き方をしている人は、どんな人？

あなたのまわりで、人に与えて生きている人は、どんな人でしょうか。

あなたが、こんな感じで与え上手になれたら素敵だなと思う人をまず特定しましょう。そして、その人がどういうエネルギーを使っているのかにフォーカスしてください。

そのエネルギーをあなたも使うことができれば、同じように人に多くを与えることになり、結果的に受け取ることができると思います。

自分の持っているものを分かち合いたい、人のために尽くしたいと思う人は、魅力的なオーラを発するようになります。

そうすると、磁石のようにお金が引き寄せられるようになり、自然といろいろなことがうまくいくようになる。「あなたが与えるものは受け取るもの」というスピリチュアルの法則にしたがって考えれば、非常にシンプルなことなのです。

□売り手よし、買い手よし、世間よし

お金に困っている人ほど、自分だけが得をしたいと考えがちです。日常的な買い物やビジネスでの取引などで、一円でも有利な条件を引き出したいのは当然だと考える人も多いでしょう。

でも、いつも自分だけが有利になるように動いたり、関係者のなかで独り勝ちしようとばかり考えていると、長期的にはお金に困る現実を引き寄せることになります。なぜなら、そんな人とは誰もあまりつき合いたくないからです。

日本には、近江商人の知恵として、「三方よし」という素晴らしい考え方があります。これは、「売り手よし」「買い手よし」「世間よし」という、関係者全員にとどまらず社会にとっても良い商売であるというものです。

商売だけでなく、あなたの身近な人たちとの関係においても、この「三方よし」を意識してみてください。

□あなたの豊かさの基準は？

多くの人は、「お金持ち＝豊かな状態」と考えがちですが、本当の豊かさとは、「経済的な豊かさ」だけではありません。

経済的な豊かさとは、あなたの夢や目標を実現するための大切な要素の一つにすぎません。お金がいっぱいあっても、それだけで幸せまで約束してくれるわけではないのです。

では、豊かさの基準とはいったいどんなものでしょう？

私は、「豊かさとは、自分の時間を自由に使えること」だと考えています。自分が、好きなときに、大好きな人と、やりたいことを自由にできるのが、本当の豊かさです。そこには、直接的にお金は関係しません。

自分が大切だと思うことに、時間を使えることが本当の豊かさだとしたら、あなたは、何をやりたいですか？

□あなたが、幸せを感じるために大切なものは？

人生には、大きく分けて「ｔｏ ｄｏ」「ｔｏ ｈａｖｅ」「ｔｏ ｆｅｅｌ」の三つの世界があります。

「ｔｏ ｄｏ」は、何かをやる世界。「ｔｏ ｈａｖｅ」は、何かを持つ世界です。

しかし、この二つの世界には、ワクワクは存在しても、「幸せ」はありません。

「ｔｏ ｆｅｅｌ」の世界にしか、幸せは存在しないのです。

私たちの人生の幸せは、「感じること」からやってきます。

幸せに必要なのは、モノでもお金でもありません。

「自分は幸せだなぁ」という感情なのです。

そのためには、億万長者になる必要はありません。いろんなことを感じる自由さが、あなたに幸せを運びます。

あなたは、何に、幸せを感じますか？

□幸せと豊かさに対してハートをオープンにする

私たちは傷つく可能性を恐れて、自分のハートを閉ざしがちです。

楽しい！　嬉しい！　と感じたときも、それを表現することなく、できるだけ表情に出さないようにしてしまうことは、ありませんか？

もし、あなたがもっとハートをオープンにして、喜びを自由に受け取るようになったとしたら、どんなことが起きるでしょうか？

自分の喜びを自由に表現して、人とつながれるようになったあなたの人生はどうなるか、考えてみましょう。

幸せと豊かさに対して、自分のハートをオープンにしてください。

きっとそこから何かが変わってくるはずですし、安心感が増えるのではないかと思います。人とつながって、自由に表現できるあなたは、今よりもっと魅力的になることでしょう。

第2章

人間関係をよくするレッスン

人間関係がもたらす幸せを、あなたはどれだけ享受しているでしょうか。

仕事では、会社の上司、同僚、部下、取引先の人などとの関係があります。お店で販売の仕事をしている場合は、お客さんとの人間関係というのもあると思います。

プライベートでは、パートナーや家族がいるでしょう。シングルの人でも、友人、知人、そして両親や兄弟姉妹がいると思います。

こうして人間関係を見てみると、仕事関係が充実している人、プライベートが充実している人、どちらも充実している人、どちらも充実していない人に分かれます。

あなたの人間関係はどうでしょうか？

本章のページをめくるたびに、あなたの人間関係は、もっと素敵なものになることでしょう。

□人間関係を楽しんでいますか？

人間関係と聞くと、なんとなく気分がふさぐ、という人もいるのではないでしょうか。面白いことに、世の中には人づき合いは面倒だという人が結構います。

小さい頃から両親とうまくいかなかったり、友だちができなかったり、または、いじめられたりした経験がある人は、人づき合いを避けがちです。

週末も誰かと遊ぶということはなく、パートナーも持たない人、一人で過ごすことが多く、プライベートな時間は趣味に没頭するというような人です。

逆に、人とたくさんつき合って、楽しい関係を増やしていく人もいます。

こういう人はパーティーが好きで、自宅でパーティーを開いたり、ホテルなどの豪勢なパーティーに参加したり、飲み会にも積極的に参加しています。

あなたは人間関係が苦手でしょうか？

それとも楽しんでいるほうでしょうか？

興味深いのは、人間関係を面倒くさいと思う人は、人間に対してある特定のイメージを持っていることです。

たとえば、人は自分を傷つける存在かもしれない、人間関係はトラブルになる原因だ、親しくなると相手のことが負担になる、相手にイヤな奴だと思われたくないから近寄りたくない。こういったことを考えています。

結果的に、パーティーに誘われても行かないし、新しい人間関係を築かないような生き方になってしまいます。

一方、たくさんの人とかかわりたい人は、人とつき合うのが楽しい、新しいことを学べる、人と一緒にいるとワクワクする、人と一緒にいると新しいアイディアが浮かぶ——、そういう観念を持っています。

あなたは、どちらのほうに惹かれるでしょうか？

そして、どちらのほうに変化していきたいでしょうか？

□あなたの人間関係を紙に書き出してみましょう

今のあなたの仕事でかかわりのある人、プライベートな友だちの名前をそれぞれ一〇人、近い人から書き出してみましょう。

その人たちの名前を見たときに、あなたは深い幸せを感じるでしょうか？

それとも、その名前を見ただけで、何らかのストレスを感じるでしょうか？

これは、その人たちが良い・悪いということではありません。あなたが、その人たちに、どう反応するかということです。

たとえば、仕事で上手に人間関係を築いていない人は、その一〇人の名前を見ただけで気分が悪くなるかもしれません。少なくともあまり楽しい気分になれなかったとしたら、あなたは仕事の人間関係からエネルギーを奪われていることになります。

一方で、友だち一〇人の名前を書き出して、その名前を見ただけでふわっと幸せな気持ちになったとしたら、その友人関係はあなたに幸せをもたらしていることがわかります。

次に、あなたの両親、亡くなった方を含めて家族の名前を書き出してみましょう。

さらに、あなたが昔、お世話になった人たちの名前も加えてください。

そうした人たちの名前を見たときに、深い感謝と幸せな気持ちが湧き上がってくるでしょうか？　あるいはイヤな気持ちになるでしょうか？

それによって、あなたの幸せ度は全然違ってきます。幸せな体験であれ、不幸な体験であれ、過去が今の人間関係や幸せ度に影響を及ぼしてしまうのです。

あなたの過去と現在の人間関係が、どれだけ自分に幸せや不幸をもたらしているのかはっきりさせましょう。

そして、その事実をまずは受けとめてください。

□あなたは今の人間関係に満足していますか？

人間関係とひと口に言っても、その内容は人によって全然違ったものでしょう。たとえば、仕事上の交友関係が広くて人脈がある人でも、あくまで仕事上のつき合いだけで、プライベートでは親しくないという人がいます。そういう場合には人間関係が広そうで、実は狭かったりします。一方で、人脈はあまりなくても、小学校時代からの友人と深い友情で結ばれているという人もいます。

これは、自分はどちらが好きか、嫌いかということであって、どちらがいい・悪いということではありません。幅広い人脈があったり、SNS上の友だちがたくさんいたりするほうが、社会的には有利なように見えますが、本人の幸せとはあまり関係ないからです。常にいろんなパーティーに出席して、華やかな交友関係を保っている人が、プライベートは全然充実していなかったり、孤独を感じていたりすることもあるからです。

□自分の世界を形づくる人たちを、理解していますか?

地球上には七八億人もの人間がいるにもかかわらず、ほとんどの人が、実際につき合いがあるのは多くて一〇〇人くらいのものでしょう。

緊密に連絡を取り合っている相手は、そのなかでも、せいぜい三〇人くらいという人が多いのではないでしょうか。

この三〇人が、人生で何を考え、何を感じているか、知っていますか?

私たちは、この三〇人のことすら、ろくに知らないし、想像したことすらないのではないでしょうか。そして、あなた自身もあんまり理解されていないのです。

この三〇人くらいの人たちをどれだけ理解し、彼らにどれだけ理解されているか、人間関係はそこで決まります。

もっと、彼らに興味を持ちましょう。そして、自分のことを知ってもらいましょう。それが、あなたの幸せにつながります。

□どういう関係を大切にしたいのか？

今まで漫然とつながっていた人たちのなかに、もう関係が切れてもいいなと思っている、もしくは、関係を切りたいと思っている人はいますか？

それは、この人はお金持ちだからつき合っておこうとか、この人とつき合っていると仕事上のメリットがあるだろうと思うような関係でしょう。上司や部下、先輩や後輩といった立場を重んじる関係、仕事上のしがらみがある関係、素の自分を出すことのできない関係ではないでしょうか？

反対に、どの関係はつなげておきたいと思っていますか？

こういうことを考えてみることで、自分がどういう関係を大切にしたいのかが見えてきます。人間関係は、人生における幸せ度を大きく左右します。ですから、あなたがこれからの人生で、どういう人間関係をつくっていきたいのか、考えてみましょう。

□親から自分へ受け継がれたパターンは？

私たちは気がつかないだけで、親からいろんなことを受け継いでいます。面白いことに、どんなに親を嫌っている人でも、無関心を装っていても、知らないうちに、両親の考え方、生き方を一部は取り入れてしまっています。

人間関係のパターンもそうです。父親も母親も教師だったりする場合、起業している人やアーティストとはあまり縁がないものです。

反対に、代々商売人という家で育った人は、公務員や銀行員といった堅い仕事の人とのつき合いは少なかったかもしれません。どういうノリの家庭で育ったかによって、子どもの生き方や人間関係は大きく左右されるのです。

両親に友だちが多かったか、少なかったか。人づき合いが良かったか、悪かったか。人に対して優しかったか、厳しかったか、といったことを振り返ってみましょう。すると、今の自分がいかに親のパターンを踏襲しているかがわかるのではないでしょうか。

親からのパターンが受け継ぎたいものならいいでしょう。でも、そうでなければ、イヤだった親の生き方が自分の人生に大きな影響を与えていることを知っておきましょう。

特に今、人間関係がうまくいかないと悩んでいるのであれば、そのパターンがどこから来ているのかを知ることが必要です。

親からのパターンは、さまざまな分野で引き継ぐことになります。お金の稼ぎ方、使い方、人間関係、時間の使い方などです。

あなたが自然と受け継いだ親のパターンを考えてみましょう。

それを明らかにすることで、そのまま受け継ぎたいものと、もういらないものを整理することができます。

大人になったあなたには、選択肢があります。そして、あなたにお子さんがいるなら、どういう価値観を受け継いでもらいたかも考えておきましょう。

□あなたの好きな人は、どんなタイプ？

人間関係で幸せになるために最も大事なことは、好きな人と過ごす時間を増やして、嫌いな人とのつき合いを減らすことです。とってもシンプルなのです。

あなたがある程度の年齢なら、嫌いな人を好きになるためのエネルギーを費やす代わりに、好きな人にその時間を回したほうがいいでしょう。

これは学校の勉強でいうとわかりやすいと思います。苦手な科目を克服したい人と、好きな科目だけやりたい人。あるいは、好きなものだけ食べる人と嫌いなものも食べようとする人、そういったことと同じ種類かもしれません。

どちらに幸せを感じるかは人によりますが、好きな人とだけ一緒にいるほうが幸せ度が大きいのではないでしょうか。

あなたが一緒にいて好きな人、気が合う人とは、どんなタイプでしょう？

明るいタイプ、社交的なタイプ、話が上手なタイプ？

それとも物静かで、人の話をじっくり聞いてくれるタイプ？

自分の好きなタイプがわかってきたら、あなたと親密な関係の人たちを思い出してみましょう。

今、あなたが好きな人は、父親や母親、祖父母、あるいは兄弟姉妹と似ているかもしれません。

小さい頃に好きだった人と、今好きになっている人は似ていませんか？

そうやって関連づけていくと、あなたの「好き」のイメージが見えてきます。

そのうえで、自分の好き、嫌いを大事にしましょう。あなたにとって、幸せなものとそうでないものがはっきりわかれば、これからどういう人間関係を築けばいいかも見えてきます。

あなたが好きなタイプの人をご馳走にたとえたら、どれくらいの頻度で、食べているでしょうか？

あなたの心の栄養になるのが、楽しい人です。あなたが好きな人たちと、もっと時間を過ごしましょう。

□あなたの苦手な人は、どんなタイプ？

あなたが苦手な人、嫌いな人は、どんなタイプでしょうか？

嫌味を言う人、ネガティブなことを言う人、意地悪な人かもしれません。

では、過去に、あなたが苦手だったのはどんな人ですか？

父親や母親、もしくは近所の人、親戚のおじさん、おばさんかもしれません。

次に、その人たちが、どういう振る舞いをしていたのかを思い出してみましょう。いつも皮肉を言う、人に意地悪な態度をとる、競争心が強い、高慢で人を見下している……。どういうところが苦手だったかを突き詰めると、今あなたが苦手な人との共通点が見えてくるはずです。そうすると、あなたが今、その人を嫌いになっている理由がわかってくるのではないでしょうか。

そして、もしあなたが苦手な人を好きになりたいとすれば、どういう努力が必要なのかも考えてみましょう。

□嫌いな人は、自分の何を刺激しているのか？

あなたが苦手だ、嫌いだと思う人は、あなたのなかにある何かを刺激していま す。

たとえば、傲慢《ごうまん》な人が嫌いだという場合、それは傲慢さに象徴されるような、空気が読めないところを嫌っているということです。

もっと言えば、自分はすごいとマウントをとってくるような振る舞いが嫌いで、ありのままの自分でつき合うほうがいいと、あなたは考えているということです。

嫉妬をする人、批判をする人、文句を言う人が苦手だという人もいるでしょう。

そういう人は、人生にもっと感謝をするべきだ、嫉妬なんかしてはいけない、他人を応援するべきだという価値観を持っているということです。

このように、人は自分の価値観に著しく反する人が苦手だったり、面倒くさく感じたり、あるいはイヤな感じがしたりするものです。

しかし、あなたが嫌いな人は、実はあなたのどこかがまだ癒やされていない、ということを教えてくれているのです。

たとえば、傲慢な人や愚痴を言う人が嫌いなのは、自分は傲慢にはなりたくない、という強い思いがあったり、愚痴を言う人が許せないからです。人から傲慢だと見られることを恐れているからかもしれません。だから、自分が我慢していることを、無頓着にやっている人に嫌悪感を持つのでしょう。

自分のなかに嫉妬や文句があっても、グッと抑えているのに、その人だけ嫉妬や文句を自由に言うのはズルいと思って、嫌っているのかもしれません。

なぜ自分は傲慢であることに強く反発するのか、なぜ自分は人に嫉妬するのか、どういう文句があるのかということを深掘りしていく必要があります。

このように、自分が苦手な人というのは、あなた自身の心のなかのわだかまりに気づかせてくれる存在でもあるのです。

もし嫌いな人に出会ってしまったら、その人を鏡として、自分の心のなかを覗いてみてはどうでしょうか。

□嫌いな人から学べることは？

人間関係で悩ましいのは、自由に関係を断ち切ったりできない場合が多いからでしょう。たとえば、同僚と反りが合わないからといって、すぐに配置換えされるわけはなく、その人と仕事を続けなければならないものです。また、上司が尊敬できない嫌いなタイプだとしても同様で、そのうち会社に行くことすらイヤになるかもしれません。

このように、逃れられない環境で、苦手な人に出会ってしまったら、視点を変えて、この人から学べることは何なのかと考えてみてはどうでしょうか。

そんな人から学べることなんかない、ただつらくて、早くこの人が目の前からいなくなってほしいと祈る人も多いでしょう。しかし、嫌いな人は、あなたがまだ持っていないエネルギーの使い方を教えてくれる先生でもあるのです。

たとえば、何かにつけ批判する人、誰かに対して嫌味を言う人がいたとします。

その人からは、人はちょっとしたひと言、ふた言でどれだけイヤな気分になるのかという、言葉のパワーを学んでいるのです。つまり、あなたが学べることは、言葉の力を使って、人を幸せにすることもできるという事実です。

仕事でも、頭ごなしに叱りつける上司と出会ってしまった場合には、「そうか、こうやると自尊心を奪われるのか、自分が上司になったときには絶対こういうことはしないようにしよう」と決めればいいのです。

あなたのお客さんのなかには、クレームをつけてきて、人格を否定するような失礼なことを言う人がいるかもしれません。そんなときは、逆の立場になったときに、自分は一番感じのいいお客さんになろう、働く人に仕事の喜びを与えてあげるようなお客さんになろうと決意できます。

人生の反面教師として、彼らを見ることができれば、あなたは、人間としてぐんと成長することができます。

そういうかたちで、嫌いな人、苦手な人から学ぶことができるのです。

□人間関係に恵まれた人が普段からやっていることは？

あなたのまわりで人柄が素敵だなと思う人、人間的な魅力がある人は、どんなことをやっているでしょうか。

たとえば挨拶が気持ちいい、お礼の返信が早い。人の悪口を言わない。誰もが嫌がることを率先してやる。そういったことに、あなたが人間関係を良くするヒントがあると思います。彼らの態度、言葉を観察し、一つでも二つでも、真似してみましょう。

そして、人間関係でトラブルを引き起こしてしまう人のパターンも見てください。たとえば自分の価値観を押しつけてくる、肝心なときに黙ってしまう、余計なひと言が多い、いつも不平不満を言っているなど、自分もやりそうなことがあるとしたら、ほぼ間違いなく、人間関係のトラブルをつくり出すことになります。

□「人に好かれる人」はどんな人?

「好かれる人」と言われたとき、あなたは、どんな人をイメージするでしょうか?気配りができる人、裏表がない人、自分らしく生きている人など、いろいろなタイプの人が思い浮かぶと思います。

なかでも、喜怒哀楽の感情を包み隠さず表現できる人に、多くの人が人間的魅力を感じるのではないでしょうか。

泣いたり、笑ったり、自分の心をオープンにしたいと思っていても、実際にできる人は少数です。

あなたが、人に好かれたいと思うなら、自分を表現することを心がけてみてください。自分の心を自由に表現できる人は、まわりの人から愛されます。

恥ずかしくても、少し勇気を出してみましょう。

□会うと元気をもらえる人は、どんな人？

人間関係は、エネルギーのやり取りでできています。

いいエネルギーが交流するときには、関係は良好になります。

一方、マイナスに作用すると、エネルギーの奪い合いになってしまうことがあります。あなたからエネルギーを奪おうとする人に対しては、攻撃的になってしまう。これは誰しも経験していると思います。

一方的に話をしたり、何かをしてもらって当然だという態度をとるような人と一緒にいると、エネルギーダウンしたり、イヤな気分になったりすると思います。

人間関係はお互いが与え合おうとしないと、うまく成立しません。

何か特別な話をするわけでもないのに、ワクワクしたり、インスピレーションが湧いてくる。そういった、一緒にいると楽しい人は、どんな人でしょうか。

□このひと言で救われたという言葉は何でしょう?

これまでの人間関係を振り返って、「そのひと言を言われて、すごく嬉しかった」言葉はないでしょうか。

嬉しかったひと言、心がラクになったひと言を探してみてください。それは、あなたが人を喜ばせるための言葉のストックになります。

「君ならできるよ」「そのうち、いいことが起きるよ」「あなたなら、絶対に大丈夫だから」「みんな応援しているよ」など、書き出してみてください。

また、言われてイヤだった言葉、カチンときた言葉を思い出してください。たとえば、「どうして私がやらなくちゃいけないんですか」といった無責任な態度を感じる言葉に腹立たしさを感じたりするのではないでしょうか。

そうしたことを研究して、あなたも人に喜んでもらえる言葉をまわりにプレゼントしてあげましょう。

□「この人いいな、応援したいな」と思う人は？

あなたが自然に「なんとか力になってあげたい」という気持ちが湧いてくる人はどんな人でしょうか。たとえば、すごく楽しそうに仕事をしている人、自分の利益に関係なく誰かのために何かを一生懸命にやっている人、経済的に困窮しているけれど頑張っている人……。人によってツボは違うと思います。

そして、あなたが「この人、あまり応援したくないな」と思う人、「応援しようと思ったけど、モチベーションが下がってしまった」のはどんな人でしょうか。

たとえば独りよがりな人、やたらとテンションが高い人、認められたいという気持ちがむき出しの人。どんな人を見ると辟易《へきえき》してしまうでしょうか。

その特徴を知って、そうならないようにすることで、あなたはより応援してもらいやすい人になるでしょう。

応援される人、されない人の違いを理解するのはとても大事です。

□自分の感情に責任を持つ

人間関係の問題について考えるとき、ほとんどの人が、問題は相手の側にあると捉えています。でも、人間関係の本質は、あなた自身との関係にあります。

誰かの言動をきっかけに、あなたがイライラしたり、悲しくなったり、絶望したら、その相手が、あなたをネガティブな気分にしたような気がするでしょう。でも、それらの感情は、相手の言動以前に、もともとあなた自身の内側にあったもの。相手はただあなたに「こんなネガティブな感情があるよ」と、教えてくれただけです。

たとえば、「あなたはいい加減ですね」と言われたとき、傷ついたり、ショックを受けるかもしれません。

でも、もともと、自分がそういうダメな人間だと思っていなかったら、変なことを言うな、とサラッと受け流せるはずです。

もし、あなたが痩せているのに、「太ってますね」と言われたら、そのコメントはサラッと受け流せるでしょう。でも、あなたが太っていたとしたら、そう言われて傷つくかもしれません。

自分自身が溜め込んできた感情に気づいて、向き合っていくほど、傷つくことは少なくなります。そして、相手ともズレの少ない関係を築けるようになります。

なかには、「自分が何を感じるかは、自分次第？　そんなこと言われても、受けとめきれない」と感じる人もいるかもしれません。でも、自分次第だからこそ、まわりに振り回されることなく、自分の人生を生きることができるのです。

すぐにこのことを受け入れるのは難しいかもしれませんが、できる範囲でいいので、自分の感情に責任を持つようにしてみてください。

具体的には、誰かにイライラしたら、本当は自分もその人と同じような気持ちを抱えていないか、チェックする習慣を持ちましょう。

誰かに認めてもらいたいと思ったら、まずは自分で自分を認めるのです。自分の気持ちに素直になり、自分自身に寄り添ってください。

□相手に何を期待しているのか？

人間関係において、誰かにネガティブな感情が湧くのは、その相手に何かを期待しているからです。その不安や不満は、「相手がこうしてくれなかったらどうしよう」ということと、「こんなことをされたらどうしよう」の二つからきます。

たとえば、パートナーには「自分だけを見ていてほしい」と思っているのに、相手がいろんな異性に目移りするタイプだったら、自分を捨てていくかもしれないという不安がつきまといます。

これは、仕事関係でも同じです。上司はこうあるべき、部下ならこうするべき、取引先は……、お客さんは……という期待があるからこそ、裏切られると腹が立ったり、延々とクレームをつけたり、厳しく叱ったりするのです。

ですから、なぜ相手に対して、こんなにネガティブな感情を持つんだろうと思ったら、まずは、自分がどういう期待をしているのかを自覚することです。

あなたは、一緒に仕事をしている人、家族、パートナーに対して、どんなことを期待していますか？

夫ならこうすべき、妻ならこうすべき。父親なら、母親なら、子どもなら……。気づいていないかもしれませんが、大きな期待を寄せるのは、遠い関係の人ではなく夫婦や家族といった身近な関係です。

そして、期待されているほうは無意識のうちに、それに応えようとします。だから、期待されればされるほど窮屈になり、相手との関係が重たくなってしまうのです。

逆に、あなた自身が、「こうするべきではない」と思うのは何ですか？

あなたのなかで、こうするべきでないと考えていることをする人には、抵抗感があるはずです。その人には、批判的になったり、許せないという気持ちが出てくるかもしれません。

その思いが、あなたを縛ることになります。それが社会的にどうかはともかく、あなたのなかにある固定観念を見ていきましょう。

□期待はたいてい裏切られる

あなたは、どんなときに、相手に対して「この人と一緒にいるのはもうイヤだ！」となりますか？

相手のことがイヤになる理由の一つは、自分が期待したとおりの関係が築けないからです。

「二人でこういう関係を築きたい」、もしくは「自分はこうなりたい」という期待が裏切られたとき、「この人と一緒にいるからダメなんだ」と思って、相手のことがイヤになることがあります。

人間関係を良くしたい、良い関係を長く続けたいと思ったら、期待、特に相手との合意がない一方的な期待はたいてい裏切られるものであり、むしろ期待が裏切られたと思ってからが、本当の人間関係を築くスタートだということを知っておいてください。

□もらうことばかり考えてはいけない

せっかく人と出会う機会があっても、その機会をうまく生かせない人がいます。特に自分がもらうことばかりに意識がいってしまう人は、すぐに相手にされなくなります。

人間関係というのは、お互いに助け合ったり、応援し合うことで成り立っています。一時的には一方が与えすぎたり、受け取りすぎることがありながらも、次の機会には多く受け取りすぎていたほうが多めに与えるなど、お互いにバランスをとろうとすることで、うまく関係が続いていくのです。

ところが、自分がもらうことばかりに意識がいってしまう人はこういう人間関係の機微《きび》がわかっていません。信頼関係や友情を築く前に、自分ばかり得しようとしてしまいます。

そうなると、相手はたいして親しくもない人に損をさせられることになるわけで、「それなら最初からあいつにはかかわらないでおこう」という具合に、人が寄り付かなくなるのです。

大事なことは、自分の不足感を人に満たしてもらおうとするのではなく、自分を自分で満たすことです。そして、今の時点ですでに十分持っていることに気づき、それを自分からまわりの人に分かち合うことです。

なかには、自分には与えられるものなんて何もないという人もいるかもしれません。でも、じっくり相手の話を聞いてあげる時間ならつくれるかもしれないし、相手のやりたいことを聞いて応援してあげることだったら、たいていの人ができるのではないでしょうか。

何より大切なのは、実際に何を与えられるかではなく、自分から相手に与えようという姿勢です。

あなたが与える人間になると、まわりの人も、そういう人物だと見てくれるようになります。その評判が、あなたの信用をつくり、将来の仕事につながっていくでしょう。

□自分がどういうときに傷つきやすいのか？

悪意もなく批判でもない何気ない他人のひと言に、一方的に傷つくことは、誰しも経験しているでしょう。

自分の体形、学歴、容姿、お金や時間の使い方などについて、些細《ささい》な指摘が、なんとなく心のしこりになって残ることがあります。ですから、自分がどういうときに傷つきやすいのかを知っておくといいでしょう。

これを言われると、ダメだと指摘されている感じがする。そんなキーワードを自覚していないと、まわりに対して常に過剰防衛になってしまいます。それでは、平安な人間関係は望めないでしょう。

同時に、傷ついたときには、それを相手にきちんと伝えることも大切です。そうすれば、不要な諍《いさか》いを避けられます。

□ 身近な人とこそ本音でつき合おう

ＳＮＳだけでつながっている関係や、たまに顔を合わせるだけの関係であれば、いつもポジティブでいられますが、身近になればなるほどそうはいきません。

しかし、本音を出さない上辺だけの関係を続けていたら、それはすごくつまらない関係といえるでしょう。

イヤだったらイヤだと言う。悲しかったら悲しいと言う。そして相手に受けとめてもらう。そういう関係を築いていくことで、人間関係は深まっていきます。

ですから、自分が何を考えているのか、感じているのかということをまず自分でちゃんと認識し、うまく相手に伝えられるということが、鍵になります。

自分の本音を相手にサラリと伝えること。相手の言い方が少し冷たかったら、「なんかさっきはちょっとトゲがあったよね」とサラリと言える関係になったら、お互いすごくラクになるでしょう。

□嫉妬が出たときは、「次は自分が成功する番だ」と考える

誰かに対してなぜ嫉妬を感じるかというと、その人は欲しいものを簡単に手に入れたのに、自分は手に入っていないと思うからです。

たとえば、自分には彼氏がいないのに、あんな素敵な彼氏をゲットしてとか、自分は昇進から縁遠いのに、後輩がどんどん出世してズルい！　と思ったときに、嫉妬の感情が湧き出ます。

嫉妬が顔を出しそうになったときは、「次は自分の番だ」と考えましょう。

誰かがうまくいったり、幸せになったりしたとき、次は自分の番だとアファメーションすると、嫉妬が消えてなくなります。

今度、誰かに対して嫉妬の感情が湧いてきたときには、次は自分の番がきたなぁと、にっこりしてみましょう。

□人間関係における資産状況は？

あなたには、信頼関係や人気といったものが、どれだけあるでしょうか？

あなたのことをサポートしたいと思ってくれている人。ここぞというときに、然《しか》るべき人を紹介してくれたり、お客さんを連れてきてくれる人。仕事が立ちゆかなくなったときに、親身に相談に乗ってくれたり、助けてくれる人。

こうした人間関係の「資産」を築いておくのはとても大切なことです。

逆に、人間関係には「負債」もあります。それは、今まで不義理な関係を続けてきたとか、誰かに失礼なことを言ったのに謝っていないとか、あいつはイヤな奴だと思われているということです。つまり、今までの人間関係で不信感をもたれているのであれば、それは負債を負っていることになります。

あなたがこれまでどんな資産、負債をつくってきたのかをチェックしてみましょう。

□これから一緒に成功していける友人がいますか？

あなたの友人は、「含み資産」をたくさん持っていますか？

ここでいう資産とは、お金やモノではありません。将来豊かになっていく素質のことです。自分やまわりを豊かにする人間力だと言ってもいいでしょう。

あなたのまわりにいる人たちが、「幸せな人かどうか」「愛でいっぱいかどうか」「将来性があるかどうか」ということを考えてみてください。

もちろん、一生を通じて、一緒に上昇していける仲間をつくっていくためには、あなたも成長することが前提となります。

業界は違っても、それぞれの分野で、「おのおの業界を引っ張っていく」「時代をつくるんだ」と語り合える友情を持つことができたら、あなたも、友人たちも、一〇年後、二〇年後にはメインプレーヤーになっているはずです。そんなふうに、一緒に成長できる友人を持てることは、人生の大きな喜びになります。

□厳しく指摘してくれる人はいますか？

あなたのことを絶対に否定しない友だちや、あなたに甘い両親、パートナーに囲まれていると、それが成長を止めている可能性があります。なぜなら、「まぁ、こんなもんでいいか」という気持ちになり、人生に積極的に変化を起こそうとはしないからです。

もし、これから人生を劇的に変えていきたいなら、「それでいいの？」と厳しく指摘してくれる人との人間関係が必要です。

厳しく指摘するといっても、別にあなたの人格を否定するわけではありません。指摘されたとき、イヤな気持ちになるかもしれませんが、相手は愛を持って「あなたならできる！」と言ってくれているわけです。

その瞬間は気持ちが重くなったり、苦しくなるかもしれません。しかしそれこそが、あなたの人生を劇的に変えるきっかけになるでしょう。

□批判してくる人に感謝できますか？

誰かがあなたに対してネガティブなことを言ったときに、その人をイヤだなと思って遠ざけるでしょうか。それとも、相手の行動に対して、感謝できるでしょうか。

批判してくる人ほど、あなたを成長させる先生です。

そういう人の存在は、あなたを謙虚にしてくれます。なぜなら、あなたの弱点はどこかということを指摘してくれるからです。

ネガティブなことを言われているなと思ったときには、その批判を甘んじて受けながら、その人が自分に関心を持ってくれたこと、あなたが変わることに興味を持ってくれたことに対して感謝できるか考えてみましょう。

なぜなら、その人のエネルギーの本質は、あなたをもっと良くさせるための応援だからです。

□応援してくれる人がいますか？

人生は、ずっと順風満帆というわけにはいきません。追い風のときもあれば、向かい風や嵐のときもあるものです。それでも、応援してくれる人がいるかどうかで、あなたの人生はまったく違ったものになります。自分らしく豊かに生きたいと思ったら、まずは「応援される人になる」と決めましょう。

チャンスは人を介してやってきます。だから、応援される人は、よりたくさんのチャンスに恵まれます。この人にはうまくいってほしい、幸せになってほしいという想いから、「こういう話があるんだけれども、どうかな？」と声をかけてくれるからです。

またピンチのときも、応援してくれる人がいるかどうかで、状況は大きく変わります。コロナ禍で、ピンチに陥った会社やお店はたくさんあります。でも、応援され上手な会社やお店は、ピンチをピンチで終わらせずに、応援を上手に受け取って、ピンチをチャンスに変えていきました。

あなたは、どんなときに人のことを応援したい気持ちになりますか？

また、これまでどんなときに自分に応援の風が吹いたでしょうか？

ぜひ時間をとって考えてみてください。

自分個人の欲を満たすためではなく、世の中のため、みんなのために本気で活動している人や、自分一人で問題を抱え込まず、いい意味で隙がある人には、まわりの人が「ちょっと手伝おうか」と声をかけたり、応援したくなるものです。

うまくいっているときは何の連絡もなく、ピンチのときだけ急に連絡が来て頼られても、「都合がいい奴だな。ほかの人を当たって……」と思いませんか？

でも、普段からお互いにちょっとした連絡を取り合っている友人からヘルプを求められたら、「できることがあるかわからないけれど、少なくとも話くらい聞くし、できることがあったらサポートするよ」という気持ちになるでしょう。

お互いに友人や仲間、師弟関係だと思えるような感情的なつながりがあると、応援しようという気持ちが生じやすくなるわけです。

第3章

ベスト・パートナーになるレッスン

パートナーシップとは何かを考えたとき、それは、男女関係だけでなく、男性同士、あるいは女性同士のカップルというパターンもあるでしょう。いずれの場合もつき合いが長くなってくると、何かうまくいかないところや、お互いに「それは違う」と思うところが出てくるのではないでしょうか。

幸せなパートナーシップを手に入れている人は、それほど多くありません。これは、私たちが直視しなければならない現実です。

何十年も共に過ごす相手と、心から理解し合い、愛し合っていれば、心は平安に満たされ、人生は天国のようになるでしょう。逆に、顔を見ればケンカばかり、顔も見たくないとしたら、毎日は地獄のようになるかもしれません。

幸福なパートナーシップを育てるには、手間も時間もかかります。繊細な花を育てるように、日々ケアしてあげなければ、良い関係は築けません。

ガーデニングと似ていて、優しさと愛情もたっぷり必要です。普段から、愛をいっぱい注ぎましょう。

□あなたのパートナーシップは良好？

あなたの人生のなかにあるパートナーシップを見ていきましょう。

パートナーというと、既婚者や、恋愛中のカップルを想像するかもしれませんが、それ以外にも、いろんなパートナーシップがあります。

たとえば職場の同僚やお客さんとの関係も、パートナーシップといえます。その関係はとても良好なものでしょうか。それともビジネスライクなものでしょうか。あなたの人生のなかにあるパートナーシップをいくつか思い浮かべて、そこに流れるエネルギーを感じてください。

そして、彼らとの距離がどれくらい近いか、ということを見てみましょう。

パートナーとはいろんなことを話せる自由な関係でしょうか。意思疎通がうまくいっているでしょうか。これがうまくいっているか、そうでないかで、あなたの人生の質は全然違ってきます。

□あなたの両親のパートナーシップは？

多くの人がパートナーシップに疲弊してしまう原因の一つに、「両親のパートナーシップを投影してしまう」ということがあるのではないでしょうか。

両親が離婚したり、仮面夫婦だったりした場合、あなたは心のどこかで、「同じようになるんじゃないか」と不安に感じているかもしれません。そこで、あなたの両親がどういうパートナーシップを持っていたのかについて見てみましょう。

両親は仲が良かったでしょうか。それとも、いつもケンカしていたでしょうか。

愛情表現は豊かだったでしょうか。あまり会話がなかったでしょうか。

互いのことを愛していたでしょうか。また、自分自身を愛していたでしょうか。

いろんな角度から見てみてください。そして、それがあなたのパートナーシップにどう影響しているのかを考えてみましょう。

□あなたの両親のコミュニケーションは？

あなたの両親が、男性として、女性として、どのようにコミュニケーションをとっていたのか。過去を振り返って、思い出してみてください。

父親は寡黙で、不満があるといつも黙り込む。母親は愚痴ばかりこぼしていたなど、二人にはある特定のパターンがあったはずです。

そして、そのパターンは、知らないうちに、あなた自身にすり込まれている可能性があります。「自分は絶対に、あんなふうにはなりたくない」と思うものに、人はなってしまうのです。

大切なのは、両親のことを知って、自分はどういうコミュニケーションをとっていくのかを考えることです。両親を反面教師として、違う生き方を選択することも可能なのです。

あなたには、あなたのパートナーシップがあっていいのです。

□パートナーに期待することは？

あなたは、パートナーにどうしてほしいでしょうか。

お金を稼いできてほしい。子どもの面倒をみてほしい。いろいろな期待があるのではないかと思います。

今よりもっとあなたのことを大切にしてほしいのであれば、具体的にどうしてほしいのか、どんなときに大切にされていると感じるのか、自分の考えや気持ちを整理してみましょう。そして、相手にしてほしいことを伝えてみましょう。

ひょっとしたら、相手はあなたがどうされたら大切にされていると思うのか知らなかったのかもしれません。そのため、今まではあなたに対して効果的な接し方ができてなかっただけの可能性もあります。

パートナーが何を望んでいるかを理解しつつ、お互いの期待を伝え合うと、今までよりもいい関係が築けるでしょう。

□何でも話し合える関係がつくれているか

パートナーシップをうまく持とうと思ったら、自分の感情をもっとオープンに表現することが大切です。

嬉しかった、感動した、寂しかった、悲しかった……ポジティブな感情とネガティブな感情の両方を、分かち合えば分かち合うほど、相手との関係は深まります。

ただ愚痴をこぼすだけの関係が良くないのは言うまでもありませんが、ポジティブな感情だけでつながっている関係もまた、決して強くありません。

ポジティブなこと、ネガティブなこと、どちらもタブーなく話し合える関係は、お互いにとってかけがえのないものになります。

どんなことでも話し合えるような関係を目指しましょう。

□風通しのいいコミュニケーションができていますか?

これまで、恋人やパートナーに対して、激しい感情が爆発的に出てしまったことが、あなたにもあるのではないでしょうか。最初はちょっとしたすれ違いだったのが、だんだんイライラしてきて、ついには相手の人格を否定するようなことを言ってしまったり、思わず手が出てしまったりするのです。

感情的な爆発が特に親密な間柄で起きやすいのは、近しい相手ほど、自分のことを理解してくれるんじゃないか、受けとめてくれるんじゃないかという期待が膨らむからでもあります。期待が大きいぶんだけ、感情のストッパーがゆるんで、何かの拍子に溜め込んだ感情が爆発してしまうわけです。

普段から、「感じたことや思ったことを溜め込まず、とにかく相手に伝えること」です。いっぱいいっぱいになってキレてしまうと、その相手はいきなり莫大な感情をぶつけられたように感じで、びっくりしてしまいます。「確かに私も反省すべき点があるかもしれないけど、そこまで怒らなくてもいいでしょ！」となってしまうのです。

でも、「僕は今、ちょっと怒っているよ」「そういう言い方をされると傷つくわ」とその都度、小出しに伝えれば、相手も普通に受けとめ、「そうなの？　ごめんね」と返せたりします。このように風通しのいいコミュニケーションができると、お互いに安心感が増し、自分が感じたことや思ったことを伝えやすくなるので、感情的なストレスも溜まりにくくなります。

最初は、感じたことや思ったことをすぐに伝えるのに不安を覚えるかもしれませんが、効果は保証します。

「本当に愛してくれているのであれば、言わなくてもわかってくれるはず」と淡い幻想を抱く人もいるでしょうが、それこそが一番叶わぬ期待です。ぜひ、相手に期待していることを溜め込まず、きちんと伝えることに挑戦してみてください。

□感情を相手にぶつけていないか？

パートナーシップにおいては、お互いをよく知っているだけに、「それだけは言われたくない」という急所をつく言葉も飛び交います。

しかし、そこで感情的になると、うまくいきません。腹が立ったら、自分の感情と向き合って、感情を相手にぶつけていないか、よく見極めることです。

といっても、怒りを抑えるのが難しく感じる場面も多いと思います。そんなときのコツは、「自分が正しい」と思うことを選ぶのをやめ、「愛」を選ぶことを意識してみましょう。

愛していれば、負けてあげることもできるはずです。謝ってほしいときほど相手に歩み寄ることで、関係は、グッと深まります。

次に怒りが出たとき、「怒りを選択するか」、「愛を選択するか」を改めて考えてみましょう。

□自分の弱さを相手に見せられるか

自立心の強い人ほど、自分は大丈夫だと振る舞ってしまいがちです。相手に弱みを見せたら、それで終わりだと考えているところがあります。

しかしパートナーシップにおいては、自分の弱さを相手に見せられるかどうかが、重要な鍵なのです。

誰でも心のなかのどこかで、自分にはこんなダメなところがあるんだと感じています。しかし、そうした無価値感や劣等感を認めることはなかなかできないし、人に知られたら馬鹿にされる恐れもあるので、パートナーであってもさらけ出せないのです。

逆に、そうしたコンプレックスをごまかそうとして、分不相応のことをしたり、自分のいいところばかり見せようとします。

しかし、そうした振る舞いを続けているかぎり、パートナーシップは深まりません。むしろ、自分にはこんなダメなところがあるとか、本当はすごく寂しいなどと伝えられたら、そのぶんだけ相手との距離が縮まっていくでしょう。これができない、自信がないといったことも隠さず表現できるようになると、相手との関係が変わってきます。

これは、あらゆる人間関係において言えることで、弱みを見せてくれたからこそ、その人に親近感を持つことが結構あるのです。

普段、頑張っているタイプの人は、弱音を吐いてみましょう。

あるいは、「こういうことで困っているんだ」「助けてくれたら嬉しい」ということを打ち明けましょう。

あなたが大好きな人は、頼まれることで喜びを感じることができます。人間関係で寂しいのは、相手に「取り付く島もない」と感じるときです。

あなたが自分の弱さを見せたり、話してくれたら、もっと近づけるようになるのです。

□パートナーは、自分の内面を映す鏡

あなたはパートナーに対して、どんな不満があるでしょうか？

それを、思いつくままに書き出してみてください。シングルの人の場合は、「パートナーがいたら、どこに不満が生まれるのだろう」と、未来をイメージして書いてみてください。

たとえば、もっと話を聞いてほしいとか、自分を尊重してほしい、やりたいことを応援してほしいなど、いろいろあるでしょう。

実は、それはパートナーに対する不満ではなく、自分自身のことをちゃんとしてあげられていない不満なのです。

もっと「愛している」と言ってほしいなら、自分に愛を贈る必要があるのです。

パートナーシップで出てくる相手に対する不満には、自分の人生の課題がいっぱい隠れています。

□誰もが、ダメなところを持っている

パートナーシップは、お互いの欠陥をお互いが補完し合って、許し合って、受けとめ合って、良くなっていきます。

自分のことは棚に上げて、相手にばかり完璧を求めてしまいがちですが、人間的な欠陥を一つも持っていない人などいません。

自分の問題のことで相手を責めているうちは、幸せはやってこないのです。

幸せなパートナーシップは、お互いに完璧を目指すよりも、不完全なまま相手を受けとめられるかどうかが鍵になります。

自分がダメなところをわかったうえで、自分を受けとめてもらう。

相手のダメなところも受けとめてあげる。そういう繰り返しが、できるかです。

お互いへの心配りやちょっとしたフォローが、二人の結びつきを強くします。

□相手の人間性を理解してあげている？

人は自分が持っていないものに惹かれる習性があります。

お金の使い方のタイプで見ると、節約したり、貯金するのが大好きという人ほど、浪費家タイプに惹かれます。なぜなら、普段つましく生きている節約家タイプからすると、浪費家タイプは人生を楽しむ達人に見えるのです。

一方の浪費家タイプからしたら、節約家タイプは堅実で、この人と生きていったら一生生活に困らなそうだと思えます。

しかし難しいのは、そうやって惹かれ合ってつき合ったり、一緒に暮らしたりしても、何年か経つと、このタイプの違いが軋轢《あつれき》につながることです。

浪費家タイプの旦那さんが、奥さんの誕生日に豪華なプレゼントを贈ったとしましょう。奥さんは喜ぶだろうと思いきや、「どこで買ったの？　まさか駅前の高いお店じゃないでしょうね？」という反応だったりします。反対に、浪費家タイプの旦那さんから見たら、「地味でつまらない奴と結婚してしまったな」という後悔につながります。

こうした違いから、相手に対する共感や敬意が徐々に減ってしまい、ついには敵意にも変わってしまうのが、パートナーシップの悲劇なのです。

お互いに相手に対して、相手の本質を理解する努力をしないと、どんどん息苦しい関係になってしまいます。

関係を良く保つためには、相手のいいところをもっと見てあげることです。恋愛の初期の頃には、そういうところが眩《まぶ》しく見えたはずです。

浪費家タイプの人は、いいレストランを知っていたり、人生を楽しむ態度が素敵に見えたはずです。節約家タイプの人は、その堅実なところに魅力を感じたことでしょう。

そういう相手のいいところをいつも思い出すことです。そして、自分のいいところも認めてもらうことで、関係を長く良いものにすることができます。

□自分は愛されていないんじゃないか……

「自分は愛されていないんじゃないか」という疑念は、一度湧いたら止まらなくなる厄介なものです。

これはどんな関係でも起きます。たとえば上司が最近自分と話してくれない、目も合わせてくれない気がするとします。すると、嫌われたんじゃないか、もう無用だと思われたんじゃないかと不安になるわけです。

それが彼氏・彼女だったら、メールをくれない、返信がないだけで、もう自分に飽きたんだと思い、避けられているんだと、どんどん不安が大きくなっていきます。

こうした思いに囚われる理由は、もともと自分のなかにあるものだからです。

自分で自分のことを、どうせダメだ、どうせ役に立たない、どうせ魅力がないと思っているから、相手の行動によって引き出されてしまうのです。

シングルの人であれば、世の中はカップルだらけなのに、自分には魅力がないんだと感じてしまいます。本当はそうではないのですが、自分で、私は誰にも愛されないと思っているから、頭のなかで結びついてしまうのです。

なぜ、自分のことをそう思ってしまうのでしょうか？　それは子どもの頃の両親との関係に起因しているかもしれません。パートナーのちょっとしたことで、「自分は愛されていない」という根源的な痛みを思い出すのです。

パートナーとの関係で傷つくのは、相手の言動のせいではなく、自分自身の心に課題があるからなのです。それは、きっかけであって、もともとあった痛みを刺激されているのだと言えるでしょう。

その痛みを相手のせいにするのか、その原因を自分で癒やすのかという選択肢はあなたの手のなかにあります。

もちろん、「ひどいことを言われた」「あんなことをしなくてもいいのに」と相手を責めることもできます。もし、あなたがみずから癒やしを進めたければ、なぜ、痛みを感じたのかを見つめてみましょう。

□愛がほしいと素直に表現できるか

誰でも本当は自分のことを愛してもらいたい、大切にしてもらいたいと思っています。しかし、それを表現できない人がとても多い。そんなことを思っているなんて直視したくないから、愛なんていらないと嘯《うそぶ》いてしまう人もいるでしょう。

パートナーがいる人も、愛してほしいと言うのが恥ずかしいから、それをおくびにも出さず、仕事や家事などで忙しくして自分の気持ちをごまかしています。

シングルの人も、愛がほしいなんて言うのもイヤだし、人からそう思われるのも恥ずかしいので、愛なんていらないという素振りをしてしまう。しかしそれは、自分の本心に蓋をしているだけでしょう。

自分の気持ちをごまかさず、愛がほしいと素直に表現できるかどうか。幸せなパートナーシップを築き、本当の愛を得られるのは、愛に対しての気恥ずかしさを乗り越えて、努力し続けた人だけです。

□相手のことをどれだけ理解できているか

パートナーに理解してほしいと願うのは、ごく自然なことです。パートナーに自分のことを深く理解してもらえると、なんとも言えない深いつながりや安心感を得られるからです。

でも、実際のところは、自分のことを深くわかってもらえず、逆に、自分だっていつでも相手のことを完全には理解できません。

そうなると、ほとんどの人が自分のことは棚に上げて、「なんでわかってくれないんだ」と相手を責めてしまいます。それでは、愛を育むことはできません。

理解されていないと感じるときは、相手を責める代わりに、自分がどれだけ相手のことを理解できているか、冷静に振り返ってみましょう。

多くの人が、全然わかっていない現実にハッとするでしょう。その気づきを、二人の関係を深めるチャンスに変えてください。

□相手に魅力を感じなくなったときは？

一緒に暮らしてしばらく経つと、パートナーに魅力を感じられなくなるときがやってきます。

そんなときは、「こんなにつまらない人だったっけ」とか、「こんなにだらしない奴だったか」と相手のせいにしがちです。そして文句を言うからケンカが勃発するのですが、果たして相手が悪いのでしょうか？

どういうことかというと、相手に魅力を感じなくなるというのは、自分が無感覚の状態に陥っているのです。相手に感じていた心が麻痺したような状態になり、相手の素晴らしさが見えなくなってしまうのです。

この症状が表れたら、そもそもなぜこの人のことを好きになったのか、なぜこの人のことを大事だと思ったのかを考えるきっかけにするといいでしょう。ここでいったん立ち止まって考えてみる必要があるというサインなのです。

たとえば、「毎日ケンカばかりで私を幸せにしてくれない」と思っているとしましょう。しかし、それは単なる勘違いでしかありません。そもそも自分が幸せになるかどうかは、相手にしてもらうことではなく、自分の問題だからです。

相手に対する気持ちが冷めてしまったとしても、それは自分のなかで起きている自分の問題であって、相手の言動や存在とは直接関係がなかったりするものです。

こうしたことを掘り下げてみると、パートナーに魅力を感じなくなったのも、自分の問題だとわかるでしょう。自分のなかにロマンスからケンカというサイクルが起きていて、そのために感覚が麻痺してしまっているのです。

そのことに気づけば、解決法が見えてくるでしょう。元通りになるのではなく、新しい関係を再生させるのです。自分の意識が変わり、成長した新しい自分で再生させていくのです。

なぜ相手に魅力を感じなくなるのか、そのときの自分の心はどういう状態になっているのかを理解しておく必要があると思います。

□退屈が忍び寄ってきたときは？

人生には、二通りの生き方があります。それは、ワクワクと退屈です。それはワクワクするほうを選べば、不安、心配がついてまわります。なぜなら、それは変化の道だからです。一方、退屈する道には、安定、安心があります。

人間の心理の面白いところは、安定がほしいのに、同時にワクワクもしたいという欲張りな部分もあることです。

パートナーでいえば、あなたをワクワクさせてくれるパートナーは、気も浮ついています。あなた以外の人のところに行きそうな危ない感じが魅力にもなっているのです。一方、誠実なパートナーは、浮気をすることはほぼない感じがしませんか？　そこには、安心と安定がある代わりに退屈があります。

退屈が忍び寄ってきたときは、変化を起こすタイミングです。二人でロマンチックなことをしたり、普段は行かないところへ出かけたりしてみましょう。

□恋と愛の違いを理解していますか？

よく「恋に落ちる」というように、恋は、ある瞬間に、「この人のことが好きだ」となるものです。気がついたら、もう彼や彼女のことしか考えられなくなっている。数時間、メールの返信がなかっただけで落ち込んでしまう。このように、一喜一憂するのが恋です。

一方、愛とは、育むものです。一瞬にして芽生えるものではなく、三年、五年、一〇年と時間がかかるものです。しかし、積み重ねてきたものがあるからこそ、相手を信頼し、心の深いところで相手とつながっていると感じられるようになっていくのです。

愛を育んでいく過程にはいろんな人生劇があり、人は自分のなかの怒りや悲しみや絶望を知り、そして、相手を愛することを学んでいくのです。

あなたは、恋をしたいですか？　それとも愛を育みたいですか？

□期待しないで、愛を贈る

相手に無条件で与えたいと頭では考えても、つい見返りを期待してしまうのが人間です。誰にでも、そういう瞬間があると思います。

でも、見返りを期待しているときは、本当の意味で与えることにはなりません。「こんなに与えたんだから、これくらい返してくれよ」という期待が先立ってしまうわけです。

ところが、期待の奥には、不安や恐れがあります。

たとえば、自分に自信がない人は、パートナーに尽くしすぎてしまうことがあります。自分には魅力がなく愛されないんじゃないかという恐れがあるからです。とことん相手に尽くすことで「これだけ尽くしたんだから、私のこと愛してくれるわよね」と、なかば強迫じみた想いを持っていたりするのです。

しかし、この世界では、自分が深いところで信じていることを体験するようにできています。だからこのケースで言えば、浮気されたり、一方的にフラれるなど、自分には魅力がなく愛されないという、恐れていたことを証明するような出来事を引き寄せるのです。

これは、別にスピリチュアルな法則ではなく、意識がどこに向いているかによって起こることです。

内面に恐れがあるとき、自然と恐れの方向に向いてしまうのは、自転車に乗っているときに、側溝を見てしまうと、どんどんそっちに行ってハマってしまうのと同じ理屈です。

私たちが真に与えるとき、見返りは期待していません。自分が与えた時点で完結しているのです。必ずしも、相手が受け取らなくても、自分からそれを出しただけで、深い満足感を得ているのです。それが、愛を贈るということです。

そして、この宇宙は、与えたものが返ってくるようにできています。ですから、あなたが期待や恐れを手放して、愛を与えれば、目の前の相手からとはかぎりませんが、巡り巡って、ちゃんとあなたのもとに愛が返ってくるのです。

□それは、本当に愛の表現？

愛とは無条件に相手に与えるものです。だから、与えても受け取ってもらえなかったり、思ったような反応がなかったりしても、傷つくことはありません。相手に差し出したものが愛であれば、相手がどう反応するかについて、執着する必要がないはずです。それだけ冷静であれば、相手の態度がどうであれ、傷ついたり、落ち込んだりはしないでしょう。

もし、傷ついたなら、そこには期待や見返りを求める気持ちがある、ということです。ねぎらってもらいたい、褒めてもらいたい、愛してほしいと思っている時点で、もうそれは、愛ではないのです。

相手に期待しすぎてしまうことは、パートナーシップの一番大きな課題です。自分のなかに、どういう期待や見返りを求める気持ちがあるのかを、しっかり見極めましょう。

□自分の要求を相手に押しつけていないか？

自分では愛の表現だと思っていても、多くの場合、そうではなかったり、やり方が間違っていたりします。それが「構ってほしい」という要求です。

「どうして毎日、メールをくれないの？」「なんですぐに返信してくれないの？」

当の本人は愛しているがゆえの行動だと思っているかもしれませんが、これは自分の要求を相手に押しつける行為です。

押しつけの要求は、相手にとって義務になり、負担を感じてしまうようになります。同じ状況でも、相手が「寂しい」と弱みを見せたり、「一緒にいたい」と素直に言われたら、寄り添いたい気持ちになるのです。

もし今、パートナーとうまくいっていないなら、「自分の言動が要求になってはいないか？」と振り返ってみるといいでしょう。自分の寂しさを相手に押しつける要求は愛情表現ではなく、単なるワガママにすぎません。

□相手に依存しすぎない

パートナーシップで大事なのは、お互いが精神的に自立した関係でいることです。しかし、それはそんなに簡単ではありません。

多くの人が、人生の不満や不安、うまくいっていない部分を、パートナーになんとかしてもらおうとしがちです。

自分の課題としっかり向き合うことなく、もたれ合っていては、お互いに奪い合う関係にしかなりません。それだと、不健康な依存が生まれかねません。

パートナーに解決してもらいたいと感じる問題の多くは、あなたが解決しなければいけないことなのです。

パートナーがなんとかしてくれさえすれば、自分の問題は解決するのに、と考えがちな人は、自分が依存しすぎていないか、チェックしてみましょう。

□愛の眼で見る

パートナーシップのかたちに絶対的な正解はありません。しかし、どんなかたちを選ぼうとも、これさえできていれば幸せに生きられるという秘訣はあります。

それは、あらゆる物事・出来事を愛の眼で見ることです。

プラスの側面と、マイナスの側面を両方見ることができるようになると、一段高いところから俯瞰《ふかん》して物事が見えるようになります。もしくは、一段深いところから、プラスもマイナスもすべてを包み込むような感覚で捉えられるようになります。これが、愛の眼で見るということです。

しかも、そうやってあらゆる物事を愛で見ることができるようになると、起きることすべてに愛を感じて感謝できるようになります。

そして、自分が愛で満たされるので、愛を惜しみなく分かち合えるようになり、愛の循環のなかで生きられるようになるのです。

□自分とのパートナーシップを築く

パートナーシップについて考える前に、あなたが自分自身とどんな関係を持っているかも見ておきましょう。

あなたは、自分のことが好きでしょうか。

自分の人生を幸せにするために、何か具体的にやっていますか。

自分が本当にやりたいことを、あなたが認めて、それを自分にやらせてあげているでしょうか。それとも、まだ早いと考え止めているでしょうか？

世の中は面白いもので、あなたが自分自身を扱うのと同じような態度、あり方で、人はあなたのことを扱います。だから、あなたが自分のことをちゃんと尊重して、愛を持って接していれば、不思議と、相手からも尊重され、愛されます。

逆に、自分のことを大切にしていなければ、なぜか大切な人として扱われないのです。

第4章

才能を見つけるレッスン

才能とは、あなたが自然にできること、得意なこと、ワクワクすることです。

たとえば、人前で話しても緊張しない。人の話を延々何時間でも聞くことができる。人の気持ちに寄り添うことができる。ありあわせの材料で夕食をつくれる。そういった才能を見つければ見つけるほど、あなたらしさが引き出され、とても面白い人生を生きることができます。

もちろん、才能を一つだけ使って充実した毎日を送っていくのは難しいかもしれません。しかし、かけ算をすることで、あなたにしかできないワン&オンリーの才能になっていくのです。

これから、自分の才能を生かしていくために必要なことについて、お話ししていきます。

きっと、あなたの隠れていた才能も、姿を現すことでしょう。

□自分の才能を使って生きていますか？

あなたは今、自分の才能を生かして生活していますか。

もし、そうなら、朝からワクワクしてまわりの人を喜ばせていると思います。

一方、自分の才能をまだ見つけていないとしたら、いろんなTODOリストに追いかけられて、特に好きでもない作業、本当はやりたくない仕事をこなすだけの毎日になっているでしょう。

人生には、才能を使って生きるか、才能を使わないで生きるかの二つの生き方しかありません。

あなたがもし、「自分の人生はこんなもんじゃないはず」と感じているなら、これから自分の才能を見つける旅に出なければなりません。

自分の得意なこと、楽しいと思うこと、人が喜んでくれることを探してみましょう。

□子どもの頃、好きだったことは？

あなたは、小さい頃、どんなことが好きだったでしょうか。休みの日には、朝からずっと本を読んでいたでしょうか。がき大将として近所の子たちを集めて騒いでいたでしょうか。歌を歌っていたでしょうか。

あるいは、誰とも話さずに一人で何時間もゲームをやっていたかもしれません。

あなたが小さい頃にやっていたこと、大好きだったことは、間違いなくあなたの才能に近いものです。

ぜひ時間をとって、小さい頃に好きだったことを思い出してみましょう。

人を巻き込む才能、一人でモノをつくる才能は、ごくごく小さい頃にまわりにその片鱗を見せていることが多いのです。

あなたのなかに眠っているその才能は、「そろそろ出して」と言っているかもしれません。ぜひ自分の才能の種を見つけてください。

□何時間やっても、疲れを感じないことは？

あなたが時間を忘れるくらいワクワクすることは、何でしょうか？

本を読むこと、人の恋愛相談に乗ること、動画を編集すること、プラモデルを組み立てること、プログラミングを勉強すること、料理をすることかもしれません。楽しくて気がついたら一時間、二時間経っていた、そんなことはありませんか。あなたが楽しいと感じることは、間違いなく才能につながる可能性があります。

たとえばある映画を見て、こんな映画を作りたいとドキドキしたとしたら、そこには、もしくはその周辺には、その人の才能があります。心がワクワクしているとき、それがその人の才能なのです。

自分の時間の使い方をチェックして、自分が好きなことが何か探してみてください。自分でも驚くような才能が発見できるかもしれません。

□あなたがよく頼まれることは？

あなたには、人からよく頼まれることが何かありますか？

日常的に、友人や家族から何度も頼まれることは、ほぼ間違いなく、あなたが得意なこと、うまくできることです。

人が何かを頼むということは、あなたの才能を観察した結果です。あなたに何ができて、何ができないのかということを、まわりの人たちはよく見ています。ですから、頼まれごとは、「あなたならきっとうまくできる」と思われたときに持ちこまれると考えてください。

これまでの人生で、友人や家族から頼まれたことを思い出しながら整理してみましょう。

そして、それが自分の才能だということを、自信を持って受け入れてください。思い切ってやってみると、意外に楽しくできたりもするのです。

□あなたがよく相談されることは？

たとえば、誰かにインテリアについて相談したいとしましょう。そんなとき、わざわざインテリアのセンスがない人は選ばないものです。あなたが「この色合い、どう思う？」などと聞く人は、それに答えられるだけのセンスがある人ではないでしょうか。

恋愛の相談がしたいときも、恋愛が苦手な人には持ちかけないでしょう。相談されるというのは、あなたに才能があって、かつ信頼できるからこそなのです。

逆に、あなたがよく相談することも、実は才能である可能性があります。ずっと気にしてきたということは、それだけエネルギーを向けてきたということでもあります。

つまり、才能を見つけるという作業は、あなたのエネルギーが一番向かっているところを探りましょうということなのです。

□まわりの人に、よく「ありがとう」と言われることは？

日常生活で、「〜してくれて、ありがとう」と人から言われることのなかに、あなたの才能が眠っています。

たとえば「あのお店を紹介してくれてありがとう」、「話を聞いてくれてありがとう」など、面白いのは、たいてい「そんなことしたかな？」と自分自身はよく覚えていないことです。

そして、あなたは、普段まわりの人から何と言われる機会が多いでしょうか？「一緒にいると、ホッとする」とか、「いつも癒やされる」と言われるのであれば、ヒーラーという才能を持っている可能性が高いと思います。あなたには簡単にできるかもしれませんが、他の人も同じようにできるとはかぎりません。

本物の才能は、自然にできることのなかにあります。普段からよく感謝されることを、今の活動のなかで、意識的に増やしてみてください。

□あなたが憧れている人は、どんな人？

あなたの憧れの人は、誰ですか？

その人のどんなところに憧れますか？

そこには、あなたの才能が隠されています。

たとえば、感動的な講演を聞いたとき、その講演者のようになりたいと憧れる人もいれば、「素敵な話だったね」と思うだけの人もいます。

スピーチの才能がある人が感動的なスピーチを聞くと、「私もあの人のようなスピーチをしたい！」と強く思うのです。スピーチの才能がない人よりも、より大きく心を揺さぶられ、影響を受けます。

人は自分の才能に関係のないことに憧れたり、興味を持ったりすることはありません。

ぜひ時間をかけて、あなたの才能の種を探してみてください。

□何度もイメージが浮かぶことは？

時間があったら、つい考えてしまうこと。それはあなたの才能ですが、ほとんどの人は、それを妄想と勘違いしています。

自分がステージの上で歌うことを夢見たり、自分の書いた本が本屋さんに並んだりすることをイメージする人は多いと思います。でも、同時に、自分には絶対にそんなことは無理だと考えるのではないでしょうか。

何度もチラチラ見えてしまうイメージは、あなたの一つの可能性を示唆《しさ》していると考えてみてください。それがどれだけ奇想天外だったとしても、最初から否定しないでください。

古今東西、多くの人が、イメージするものが現実になるということを語っていますが、私もそういうことは可能だろうと思います。自分の心がフォーカスするものは、時間差で実現する可能性が高いものです。

□ポジティブな才能とネガティブな才能

才能がある分野に、ポジティブな感情が発生するのは、わかりやすいでしょう。絵を描く、歌を歌うなど、それをやることを考えるだけでワクワクする。文章を褒められてすごく嬉しかった、などがそのいい例です。

では、才能があるところでネガティブな感情が生じるとは、どういうことでしょうか。

たとえば、あなたが味やサービスの悪いレストランにイライラするとしたら、自分ならもっといいものを提供できると感じるからです。まず才能がなければ、人はイライラしたりしません。

才能には、ポジティブな才能と、ネガティブな才能があります。そのどれも、自分の特質で、優劣はありません。そして、ネガティブな才能こそ、あなたのワン＆オンリーの世界を築く可能性があります。

□子ども時代に、よく叱られたことは？

子ども時代に、親や先生からよく叱られたことにも、才能の種があります。

私の場合は、よく「少し静かにしていなさい」と言われました。おそらく、じっとしていられなかったり、落ち着きがなかったのでしょう。

これは、一見すると欠点のようですが、そんなことはないのです。好奇心が旺盛で、何にでもチャレンジするという才能だったりするからです。

そして、人に話をするという才能もあったわけです。

あなたが、親や学校の先生から叱られたことは何でしょうか。

当時のことを思い出すと、チクリと心が痛むかもしれません。しかし、それはあなたにとって、かけがえのない才能の一つなのです。

何に叱られたかを書き出してみましょう。きっと、そこには気づいていなかったあなたの才能が隠れているはずです。

□過去に経験した苦しい感情は？

過去の悲しみも、才能の発見ポイントになります。

たとえば「英語が大好きだったけれど、テストで悪い点を取って以来、嫌いになった」、「夢中で絵を描いていたが、親にけなされてぱったりやめた」、「親が病気になって、なんとか治してあげたいと祈っていた」といった思い出はありませんか？

人生をたどり、自身の感情を見つめてください。才能は多くの場合、悲しみ、怒り、失敗や絶望など、その人が触れたくない感情とセットになっています。「人生最大の悲しみ」は才能の源泉でもあるのです。

苦しい感情を感知したら、その周辺に、自分の才能がないかどうか、探ってみましょう。それは、感情の癒やしにもつながっていきます。

□あなたの家にはどんなノリがあったか

自分の才能について考えるとき、あなたが生まれ育った家庭を振り返ると、ヒントが見つかることがあります。なぜなら、親というのは、その人の才能や環境を整えてくれる人だからです。

親が医者だった、料理人だった、サラリーマンだった。実はそのことに、才能の芽のようなものがあって、それがその人の人生に影響していることが少なからずあるのです。

たとえば、両親が教師の場合、家全体に、なんとなく人に教えることが当然だという空気が漂っている場合があります。

警察官、市役所役員など、公務員の場合、家全体にルールがいろいろあって、それをしっかり守るのが正しいという空気が充満しているかもしれません。

親が医療関係や宗教関係の仕事をしている家庭では、人のことを助ける、癒やしてあげる、というノリがあるでしょう。アフリカの貧しい子どもたちのために、寄付をしたり、ボランティア活動に熱心かもしれません。

商売人の家なら、儲かってなんぼというノリがあります。どうやったら得する、うまくいくという話題が飛び交っていることでしょう。知らない間に、家族のノリみたいなものがそうなっているのです。

親の仕事によって家族のなかに流れていた空気が、変わってきます。そして、あなたの生き方にも大きく影響しています。それが、自分の才能を探すヒントになります。

あなたの家にはどんなノリがあったのか。一度、思い出してみてください。そういう空気がイヤで、それに反発したかもしれませんし、自然と受け入れたかもしれません。

食卓で、お金の話、政治の話、アートの話、教育の話など、どんなことが話題になっていましたか？

あなたにとって、何が才能かを思い出すきっかけにしてください。

□動的な才能と、静的な才能

才能には、動的な才能と、静的な才能があります。

動というのは動くということです。たとえば、モノをつくる、体を動かす、歌を歌う、写真を撮る、絵を描く、文章を書く、組織を動かす、人に教える、チームをまとめるといった特質です。

一方、静というのは静かということです。たとえば、洞察力がある、審美眼がある、柔軟性がある、感情に寄り添う、心配りができる、人に甘える、他人の長所を見つける、決断力があるといった特質です。

どちらも素晴らしい才能です。あなたの動的な才能、静的な才能をリストアップしてみてください。そして、自分はどちらがより強いかということを考えてみましょう。

□三〇人の人がいる部屋に、あなたが入ったら？

「もしもあなたが、三〇人が集まった部屋に入ったら、何をしてあげたいですか」

これは私が講演会でみなさんによく聞くことです。

洋服のコーディネートを教えたい、ヨガのレッスンをやりたい、アロママッサージをしてあげたいなど、人それぞれで、いろんなパターンがあるでしょう。

あなたが、人に楽しくやってあげられることというのは、大きな才能です。そこには情熱があるはずです。

また、どれだけ自信を持ってそのことができるかもイメージしてみてください。

お金を払ってもらえるくらい、みんなに感謝されるに違いないと感じるのか、迷惑でなかったらやらせてほしいという感じなのかを見てください。

きっと喜ばれるに違いないと感じるとしたら、その活動は、仕事にできる可能性があることだといえるでしょう。

□残された寿命が三年しかないとわかったら？

あなたは、残された寿命が三年しかないとわかったら、何をはじめますか？

一週間しかなかったら自暴自棄な生活をする人もいるかもしれませんが、三年あれば、本当にやりたかったことに向き合うと思うのです。

本を書きたい人もいるでしょう。自分のお店を持ちたい人もいるでしょう。世界中を回ってみたいという人もいるはずです。三年あったら何をやりたいかで考えてみると、刹那《せつな》的ではなく、本当にやりたいことが見えてきます。

三年あれば、ゼロから何かを学んでマスターする時間もあります。何かを研究したり、ビジネスをスタートさせることだってできます。

あなたが三年もかけてやりたいことが見つかるかどうかです。

後悔のないようにするには、何ができるのか。

人生の有限性を意識すると、忘れていた大切なことが見えてきます。

□モチベーションが必要なことはしない

人生を幸せに生きるのに必要なのは、自然と湧いて出てくるエネルギーです。エネルギーには、何もしなくても出てくる内発のエネルギーと、外から加わる外部のエネルギーがあります。

多くの人は「モチベーションを引き出したい」などと言いますが、モチベーションが必要なことはするな、というのが私の考えです。

モチベーションが必要であるということは、外部のエネルギーが必要であるということです。そのぶん、無理をしているのではないでしょうか。

「人に認められたいから」

「将来、得しそうだから」

就職や起業をするときに、人工的な動機づけを口にする人がいますが、外部のエネルギーで動いていると、途中でエネルギーが切れてしまうのです。

□才能をかけ算すれば誰でも圧倒的になれる

才能というと、多くの人は、特別な人だけが持っているもので、自分には関係ないと思いがちです。確かにメジャーリーガーや金メダリストたちは、野球の才能や走る才能などが、天才レベルです。彼らと比べたら、とても自分には才能があるなんて思えないでしょう。

でも、普通の人が幸せに豊かに生きたいと願うなら、彼らのように一つの才能でずば抜けている必要はありません。

たとえば、ユーモア、セールス、友人づくりという、三つの才能をかけ算して生かしているショップ販売員の女性がいます。

彼女は、お客さんがお店に来ると笑顔でフランクに話しかけ、軽やかにトークを展開します。そして、お客さんを時々笑わせながら、その人に合った服を上手に提案していきます。

話しぶりがフレンドリーで面白く、提案もすごくスマートなので、お客さんは一人で来ても、まるで友人とショッピングに来たような感覚になります。セールスされている感じもまったくありません。そのため、とても楽しい気持ちで服を買い、常連になっていきます。こうやって、彼女は系列のショップのなかで、トップセールスを記録しています。

彼女は、芸人として大成するほどのユーモアのセンスがあるわけでもなく、セールスの才能も単体では、そこまでずば抜けているわけではありません。友人をつくるのが上手な人だって、世の中にはたくさんいます。それでも、ユーモアとセールス、友人づくりという、三つの才能をうまくかけ合わせて、一番になったのです。

彼女のように、複数の才能をかけ算することで、誰でも、圧倒的な成果をあげることができます。

あなたの埋もれた才能は、何でしょうか？

ぜひ、いくつか書き出してみてください。

□これをやると決めたら、とことんやってみる

才能は、とことんやり続けているうちに、初めて姿を現すことがあります。生まれつきの天才は存在しますが、それは例外で、世の中で活躍している人の大部分が、努力しているうちに才能が開花したタイプです。

これをやると決めたら、ただひたすら回数を重ねていくことに集中します。そうすると、一〇回、二〇回ではわからなかったことが、三〇回目や四〇回目でわかったりするから不思議です。

最初はあまり考えずに、面白そうだと思ったことをとにかくやってみればいいのです。そのうち、それが嫌いなら、自然と続けられなくなります。

もっとやりたいという気持ちが出てきたときには、あきらかに、その分野にあなたの才能があるということがわかります。

□誰かに誘われたら、ひとまずやってみる

ほとんどの人は、人生で安心や安全を重視します。それがいけないことではありませんが、面白い人生を生きることは難しいでしょう。

自分の才能を発揮しながら生きている人は、面白さ、楽しさを最も優先しています。今までやってこなかったことに、チャレンジしているのです。その小さな積み重ねが、数年で大きな差になります。

もし、あなたが今の人生をもっと面白いものにしたければ、ちょっとだけ、今の生き方のノリを変えていきましょう。

たとえば、誰かが何かに誘ってくれたとき、あなたは積極的に参加するタイプですか？　それとも、面倒くさくて断ってしまうタイプでしょうか。

少しでも興味があることなら、ひとまず参加してみるようにしましょう。そのちょっとした行動が、あなたの人生を動かすことになるからです。

行ったことのない場所に行くと、そこで誰かと出会います。なかには、あなたが初めて出会うタイプの人がいるはずです。あなたの想像を超えた、面白い人生を生きている人もいるでしょう。そういった人たちと話していくうちに、「自分もやってみようかな」と思うようになるのです。

すると、自分はどんな才能を生かすのかという方向性も、はっきり見えてくるはずです。

大切なのは、自分が普段会わない人と会うことで、新しい刺激をもらうことです。誘われたということは、新しい世界への誘いでもあります。

最初は、違和感があったり、気後れすると思います。でも、それはごく自然なことで、新しい世界に触れると、ある種のショックを受けるものです。

そのあと、今の人生のノリを変えて、何かこれまでやってきたことのない分野に挑戦してみようという気分になったら、それは素敵なことです。

きっと、そこから何かがはじまります。

□自分は、いったい何を怖がっているのだろう？

なんとなくやってみたいと心の片隅で思いながらも、一歩踏み出せないことがあるとしたら、それは恐れがあるからです。

うまくいかなかったらどうしよう、人にネガティブなことを言われたらイヤだなどと、未来のまだ起きていないネガティブなことをイメージするうちに、自分の思考パターンも、行動パターンも、恐れのために制限されてしまっているのです。

しかし、恐れは、「でも、できちゃったらどうしよう」というワクワクとつながっているものです。ですから、恐れを感じるときは、その裏面を考えてみるといいのです。

恐れを感じたら、その裏にある、ワクワクを感じてみましょう。

□どのレベルを目指すのか？

これから、あなたはどのレベルまで才能を磨いていきたいですか？

三流の仕事をしている人たちは、自分の商品やサービス、労働の質を高めることよりも、コスト削減や、いかに手間をかけないかを考えたりします。そのため、生活できるくらいのお金しか稼ぐことができません。

二流の仕事をしている人たちは、商品やサービスの質はそこそこ高いものの、徹底して仕事の質を追求するところまではやりません。

一流の仕事は、得意なことをさらに高め続けるレベルです。自分の才能を見極め、それを一〇〇％発揮できる分野を選んでいるため、人には真似できない才能で成功することができます。

自分がどのレベルを目指したいのか。それによって自分をトレーニングするメニューも変わってきます。

□メンターに弟子入りすると才能が伸びる

才能の種をいくつか見つけて、自分なりに磨いているうちに、「この才能をもっと伸ばしたい」「この才能を使って仕事をしたい」という気持ちが出てきます。そうなったら、メンター（師匠）に弟子入りして、才能を磨きましょう。

今、世界的に活躍している人たちも皆、若かりし頃、メンターのもとで才能を磨いていた時期があります。彼らは、メンターとともに過ごすことで、その道でプロとして生きていくために必要なことを学んだのです。そういう時間を、あなたも自分自身に与えてあげてください。

ただメンターといっても、有名で活躍している人ほど忙しいもの。彼らへの弟子入りは、相当の狭き門でしょう。そこでおすすめしたいのが、身近な人への弟子入りです。

たとえば、面識もない世界的なトップセールスパーソンへの弟子入りは困難でも、社内の営業成績上位の人に、セールスについて教えてほしいとお願いすれば、いろいろ教えてもらえる可能性は格段に高くなります。

そして、学んだことをすぐに実践し、うまくいった点、うまくいかなかった点を報告するのです。教えた側としては、そういう報告は嬉しいもの。可愛がられて、改善のヒントや営業に同行する機会をもらえるかもしれません。

このように、まずは身近な人に弟子入りして才能を磨きます。するとそのうち、セールスの才能が他の人からも認められ、大きな商談を任されたり、さらに優れたメンターに弟子入りするチャンスがやってくるのです。

幸せと豊かさの両方を手に入れている人は皆、才能をまわりと分かち合っています。ぜひあなたも、自分の才能を見つけて磨き、まわりの人と分かち合ってみてください。

その先にはきっと、ワクワクすることでいっぱいの未来が待っているでしょう。

□あなたを輝かせる最適な修業先は?

たとえば、あなたが料理好きな才能を生かして、寿司職人になることを決めたとします。

寿司職人とひと口に言っても、いろんなケースがあるでしょう。一流の高級寿司店で働く職人になるのか。あるいは、チェーン展開している回転寿司で働く職人になるのか。それによって、必要とされる技術、立ち振る舞いなどは、まったく違ってきます。

自分は高級店のノリが好きなのか、あるいは、庶民的な空気の店のほうが楽しいのかによっても、違うでしょう。

どのように活躍していきたいのか。どういう環境に身を置けば、あなたの才能を輝かせることができるのか、考えてみてください。

□プロのレベルに必要なことは？

これからの人生のある時点で、「大好きなこと」を趣味からプロの仕事に変える、決断の瞬間がきます。

文章を書くことであれ、カウンセリングであれ、料理であれ、いずれにしても、趣味の世界からプロを目指すためには、あるレベルを越えないといけません。

それは、あなたが書いている文章、カウンセリング内容、作っている料理が、プロのレベルに必要な要件を満たしているかどうかということです。人がお金を払ってでもあなたの話を聞きたい、カウンセリングをしてもらいたい、料理を食べたいと思ってもらえるものなのか。この違いです。

「ちょっといい」ぐらいでは、人はなかなかお金を払ってくれません。

では、お金を払ってもらうために、何をどこまで追求しなければいけないのか。

ぜひ考えてみてください。

□夢を語り合える仲間がいるか？

いったん、自分の才能らしきものが見つかったら、それを楽しみながら一緒に磨いていける仲間を見つけることです。仲間さえいれば、途中で苦しくなることがあっても、励まし合うことができます。

また、お互いの作品や進み具合の感想を言い合ったり、情報交換しながら切磋琢磨し合うことができれば、さらに学びは加速します。

一人でやっていると、どうしても独りよがりになったり、基準がゆるくなってしまうのではないでしょうか。

志を同じくする仲間と一緒に夢を語り合うときのワクワク感。一人ひとりから溢れる幸せなエネルギーが響き合う関係。それが、仲間全員の才能を伸ばしていく力になるのです。

□あなたは、必ず失敗する

これから、あなたが才能で勝負していくとき、必ず失敗を経験します。

しかも、一度だけではありません。何十回と経験することでしょう。

ですから、そう簡単にはうまくいかないと、今から想定しておくことが大事です。どれだけ成功している人でも、その過程では、何十、何百という失敗を経験しています。

たとえば、あなたが初めて何かに挑戦したときのことを思い出してみてください。自転車に乗ること、ピアノを演奏すること……最初から一度も失敗することなくできたでしょうか？　きっとたくさん失敗したはずです。

失敗は、成功までの過程にすぎません。何度失敗しても、そこでゲームオーバーになることはないのです。

失敗を恐れる気持ちの奥には、過去に失敗したとき、とても心が痛んだ経験が大きく関係しています。

しかし、自分の才能を生かしていきたいなら、失敗に強くなる必要があります。失敗とは、うまくいかない事実を永遠にそうだと受け入れたときに確定する事実です。あなたがあきらめなければ、失敗にはならず、「うまくいかない方法を発見しただけ」なのです。

そのうち必ずうまくいくときが来ると、自分の人生を信頼することが大切です。うまくいかないとき、自分の人生に対して、バツをつけないでください。必ずあなたの才能が芽を出し、花を咲かせる日がやってきます。

自分の目線を成功した先におくのか、目の前のうまくいかない状態におくのかで、あなたの未来は決まります。

失敗を前提にして、それを気にしないメンタリティーが必要なのです。

自分は何をやってもたくさん失敗するけれど、決してあきらめないという感覚で進みましょう。

第5章

運を味方にするレッスン

あなたは、「運」と聞くと、何を思い浮かべますか？

多くの人は、自分の力ではどうにもならないものと考えがちですが、運は「管理できるもの」だと私は考えています。自分のバイオリズムのようなもので、上がったり下がったりするのが運だと捉えているのです。

運は、上手に管理すれば、お金と同じように貸し借りをしたり、貯めたりできるものなのです。

当然、運を使いきってしまう場合もあります。傲慢になったり、欲深くなったりすると、運はあなたから離れていきます。

運は、習慣と密接に関係しています。運がいい人は、どういうことを考え、行動しているのか。それを見ていくことで、あなたの人生にも、少しずつ変化が起きるはずです。

□運＝人望

運というと、不確定なものだと感じるでしょうが、シンプルに言葉で表すと、こうなります。

運＝人望

人気は激しく上がり下がりしますが、人望は基本的には一定しています。つまり、誰かに「あの人って素晴らしいよね」と言ってもらえる人は、それほど多くの人に人気がなくても、いい運を持っています。逆に、「あの人はちょっと……」と言われる人は、やがて運気が下がっていきます。

興味深いのは、人望がなくても人気がある人もいることです。

芸人さんや俳優さんが、あるときを境にブレイクする現象がありますが、これは人気が先行して急上昇した状態といえます。

しかし、あまりに一気にブレイクし、人望が人気についていけなければ、絶頂からたたき落とされることもあります。運のメカニズムをわかっておらず、「自分はすごい!」と勘違いしてしまうのです。

人気とは、急に吹き上がることもあれば、あっという間に風向きが変わってしまって、下にたたきつけられることもあるわけです。

一方、人望は信用であり、積み上げていくものです。そのため、短期間で獲得することはできませんが、失うこともありません。

約束を守ったり、細やかなコミュニケーションをとったりすることが必要です。信用を高めるには、そういう地道なことを続けていくしかありません。面倒くさいことばかりですが、その積み重ねが、信頼感を高めていきます。

長くお店をやっているというのも、信用の一つです。創業一二〇年とかいう会社は、それだけで信頼されます。個人としても、それだけの長い歴史があなたの人望をつくっていくのです。

□ちょっとした振る舞いが人望につながる

私にはほとんど敵がいません。なぜかというと、私は普段から、できるかぎりみんなと仲良く、いい関係を築こうと心がけているからです。

そのため、もし私の悪口を言う人がいても、「そんな人じゃないよ」と誰かが否定してくれているようです。こうしたときに、「あの人、微妙だよね」と言われるか、「そんな悪い人じゃないよ」と言ってもらえるかで、運にも大きな違いが生まれるわけです。

そのためには、普段から約束を守ったり、気にかけて声をかけてあげたり、相手に何かあれば進んで助けてあげることが大切です。そうしたフラットな人間関係を無視して、自分の都合だけで生きていると、あっという間にアンチが増えるのです。普段のちょっとした振る舞いが、その人の人望につながります。

□今の生活で感謝できることは?

運のいい人は、誰かに何かをしてもらったからではなく、日頃からいろんなことに対して感謝をしています。なぜなら、一見、当たり前のように見えて、当たり前のことなど一つもないからです。

たとえば、部下が働いてくれることは、当たり前のことではありません。お客さんが商品やサービスにお金を払ってくれることも、当たり前のことではないのです。そういった一つひとつのことを大切にしてきたからこそ、運を上げることができたともいえます。

今この瞬間、感謝できることを、できるだけたくさん考えてみてください。そうすることで、心に余裕が生まれて、誰にでも優しく接することができるようになるでしょう。

その結果、あなたには運が蓄積されていくのです。

□たくさん感謝され、喜ばれる人になる

私たちの生活は、まわりの人とのエネルギーのやり取りで成り立っています。自分のしたことで、誰かに「ありがとう」と感謝されたら、そこにはポジティブなエネルギーが生まれます。そして、そのエネルギーがかたちを変えながら、ほかの人や場所へと伝染していきます。

あなたが誰かに「ありがとう」と感謝されることをすると、その人があなたのことを広めてくれたり、誰かを紹介してくれたりするはずです。そうして今度は、「ありがとう」がたくさんあなたのもとへと集まってきます。

この「ありがとう」をたくさん集めた人が、経済的にも成功します。

あなたは最近、誰かに、心から「ありがとう」と感謝されましたか？

そうやって「ありがとう」が集まってくると、もっと誰かを喜ばせてあげたいという気持ちが生まれます。それが、幸せと成功のサイクルです。

□成功を謙虚に受けとめる

あなたが何かをやろうとするとき、応援してくれる人が何人いるのかが、あなたの運の強さになります。

その運は、たとえば、お店に来てくれるお客さんというかたちで、目に見えます。あるいは、口コミであなたのことをよく言ってくれる、目に見えない行為のこともあるでしょう。それらすべてがあなたの運なのです。

あなたを応援してくれる人と向き合っていくと、ますますあなたのファンが増えていきます。そこから、さらなる運をつかむことができるのです。

うまくいっているときこそ、謙虚になれるかが試されます。そういうときは、つい自分の実力のおかげで成功したと考えがちだからです。

そうではなく、まわりに助けてもらったからだと謙虚に受けとめられたら、今よりもっと応援してくれる人が現れるでしょう。

□気持ちよく「ありがとう」と受け取る

運がいい人は、まわりから称賛されたとき、それを感謝しながら受け取る器を持っています。

たとえば、「素晴らしいですね」とか「本当に素敵ですね」などと言われたとき、「いやいや、そんなことはないです」とは言いません。気持ちよく「ありがとう、嬉しいです!!」と素直に受け取ることができます。

また、善意から何かをやってあげて、「すみません、お手間をかけて、ごめんなさい」と言われたら、ガッカリしますよね。それよりも、「ありがとうございました。本当に助かりました！」と、爽やかに感謝されたほうが、何かあったらもっと援助してあげたいという気持ちになるはずです。

受け取り上手は、運が良くなるのです。

□すぐ感情的になる人からは、運が逃げる

いったんは成功した経営者が落ちぶれていく典型的なケースに、周囲の人が離れていくというものがあります。

ビジネスは順調なときばかりではありませんから、失敗も起きます。そのとき、ついイライラして、「自分はこんなに頑張っているのに、お前たちは何もやっていないじゃないか」などと社員に感情をぶつけてしまう経営者がいます。

おそらく心の底には感謝や愛情があるはずなのに、相手が離れていくようなことばかり言ってしまう。人生の失敗の多くは、感情的な未熟さから来るのです。

あなたも、イライラしたとき、つい失礼なことを言っていませんか?

どれだけ相手が悪くても、いったんは受けとめて、自分の感情の揺れを落ち着かせましょう。

幸運は、感情が安定している人にやって来ることを忘れないようにしましょう。

□いつも身軽でいる

私たちは小さい頃から「ものを大切にしないさい」と教えられてきました。

この教え自体は素晴らしいものです。しかし、「捨てる」ことができずに運気を滞らせている人がいます。

「捨てる」は「大切にしない」という意味ではありません。ときに、「捨てることで、大切にすることができる」のです。

たとえば、私たちは常に複数の仕事を抱えています。しかし、体は一つしかありませんから、全部を完璧にこなすことはできません。

もし、抱えている仕事が五つあったとしたら、そのうちの三つを捨てて、二つを完璧にこなしてみる。その成功体験によって、次の仕事がさらにうまくいったり、新たな運が呼び込まれたりするのです。

□自分がコントロールできることに集中する

世の中には管理できない運もあります。それこそ今回の世界的なウイルスの蔓延は、個人の力ではどうしようもありません。飲食業や観光業などにたずさわる人は、運の悪いめぐり合わせに直面することになりました。

こういう「まさか」が、人生には起こります。ではどうするのか？

自分ではどうしようもない事態に悩んでいても仕方ありません。

「自分がコントロールできること」に集中することです。

世の中には、ピンチを機に新しくビジネスをはじめ、逆に年収を増やす人もいます。同じことを体験していても、考え方次第で、全然違う結果になるのです。

ピンチのときには、「自分ができること」、「自分にはコントロールができないこと」の二種類を分けることです。

そして、できることだけにフォーカスしましょう。

□アクセル全開で行くべきとき、ブレーキをかけたほうがいいとき

自分の運を大きく開いていくには、今の運気を見極めることが大切です。

運というものは、上向きのときもあれば、下向きのとき、停滞するときもあります。億万長者といわれるような人たちでも、人生を通じて、ずっと金運に恵まれたという人は多くはないのです。

大切なことは、運気が上向いているときには、思い切ってアクセルを踏むこと。運気が強いときというのは、人生が大きく変わるような出来事が次々に起こるときでもあります。ですが、多くの人は、上り調子のときに怖くなってブレーキをかけてしまい、せっかく成長できたのに止まってしまいます。

逆に、運気が悪いときには、暴走することがないようにブレーキをかける、つまり、少し力を抜いてみることです。とんでもない失敗というのは、調子が落ちているときに、失敗を挽回しようとして勝負に出た場合に起きるからです。

□直感で動くと、運気も動く

あなたは「直感」を信じるタイプですか？

直感というと、単なるカンだと思う人もいるかもしれません。しかし、直感こそが幸せへと導く案内役だと私は考えています。

何かをやろうと思ったときに、心がワクワクしたり、高揚感が生じる。こんなとき、私はすぐに直感にしたがって行動してきました。逆に、イヤな気分になったり、イライラしたりする。そんなときは、無理に動かないようにしてきました。

そうやって直感にしたがって行動していくことで、面白い「偶然という名の必然」が次々に起こってきたのです。

直感とは、自分の最も深いところ、賢いところからの情報です。それは、私たちがまったく知らない間に、自動的に作動しているプログラミングのようなものです。

その賢いＡＩのようなものが、本人にとって何が幸せなのか、何が役に立つのかという観点で情報をつかみ取ってきている、というふうに思っています。

ただし、直感が示すのは、その人が自分らしく最高の人生を生きるには、どちらに進んだらいいかだけです。

だから、直感にしたがってもいいし、したがわなくてもいいのですが、迷うようであれば、まずは直感を信じてみましょう。

直感を上手に使うためには、前提として自分の直感を信じる必要があります。

最初は、お昼に何を食べるのかぐらいの簡単なことからはじめて、徐々に大きなことを直感で決めましょう。

そのうちに、どんなことも直感で決められるようになります。

「人生に素晴らしいことが起きる」と信じて身をゆだねることができれば、素晴らしい運命の女神に導かれているような感じで、人生を生きることができます。

幸せな人生を生きている人は、波乗りをする感覚で人生を楽しんでいるのです。

□チャンスをつかむ準備をしておく

仕事で成功するには、何より「チャンスをつかむ」ことです。

しかし、実に多くの人が、チャンスを自分のものにする準備ができていません。運よくチャンスが巡ってきたとしても、そこから取り組んでいては、手遅れの場合がほとんどです。

なぜなら、チャンスはあなたを今の次元からステップアップさせるものであり、少しレベルが高いことを要求するものだからです。たいていの場合、「わぁ、無理かも」と感じるようなことが多いのです。

チャンスをつかむためには、そのための準備をしておかなければなりません。

たとえば、上司に何かを頼まれたとき、すでに先回りしてやっていて、笑顔で「それは終わっています」と言えるかどうかです。そうやって段取りよくアンテナを張りめぐらせている人は、確実にチャンスをつかめるでしょう。

□チャンスが来たら飛び込んでみる

自分に自信がない人は、自分がワクワクすることをやってみたいと思いながら、何か圧のようなものを感じて、それに、負けてしまうことがよくあります。

そのプレッシャーを感じながらも、そこに飛び込んでいけると、運をつかめる人になれます。

運をつかむチャンスは、非日常的な特別な日にやってくるわけではありません。運というのは、日常の、ふとした些細なことにあるのです。

私は「怖いこと」のなかにほど、チャンスが隠れていると考えています。ワクワクする、その思いが強ければ強いほど、それをするのが怖いと感じるものです。だからこそ、怖いと思うことに出会ったら、まずはそれに飛び込んでみる。その好奇心が、運を開いていくのです。

□リスクを計算しすぎると、運を逃す

あなたが、学校の勉強ができるタイプなら、ついリスクを計算してしまうはずです。頭の良さは、ときとして、幸せな人生を生きるうえで、大きな障害になりえます。なぜなら、何でも先回りして考えるクセがついているからです。

もし、本田宗一郎が、自分が成功することばかりを考えていたら、本田技研工業は「世界のホンダ」にはならなかったでしょう。リスクを恐れずに、最高のものをつくることだけ考えて、行動し続けたから、成功できたのです。

何かを決めるときに、リスクを考えてはいけないのです。決めたあとに、そこで初めてリスクについて考えましょう。そして、うまくいく方法を考えるのです。

その鍵は、あなたがワクワクするかどうか、楽しそうかどうかです。

それを中心に考えることで、あなたのエネルギーも、運気もアップします。

□他力をあてにしすぎると運は逃げていく

自分の願望を実現していくとき、想定していなかったチャンス、人との出会い、運気の上昇に恵まれることがあります。

しかし、それらに期待・依存しすぎてしてしまうと、来るものも来なくなります。

たとえば、誰かがお金を出してくれるだろうとか、お客さんを連れてくれると甘い期待を抱いても、そうならないことのほうが多いのです。

夢を叶えるために、主体的に行動していくからこそ、奇跡とも感じられる、素晴らしい出来事を次々に引き寄せることになります。

人の応援を受け取ることは、素晴らしいのですが、他力本願になりすぎていないかもチェックしておきましょう。

運の女神は、一生懸命に頑張っている人のところにやってくるのです。

□神聖な場所での「おねだり」をやめる

いわゆるパワースポットと呼ばれるような神社仏閣で、「○○になりますように」とお願いしている人はたくさんいます。

しかし、神仏に対する「おねだり」は少しやめて、日々の生活への感謝に変えてみましょう。というのも、他力本願で運を呼び込もうとしてもダメなのです。

運とは、できるかぎりのことを最大限にやっている人に与えられるものです。

なので、パワースポットでおねだりをしてはいけないのです。

その代わりに、「今日一日、ありがとうございました」、「おかげさまで家族全員、元気にやっています」、「毎日、仕事ができることに感謝しています」など、自分が頑張れていることに感謝してみてください。そんな簡単なことでも、運気は上昇していくでしょう。

□「まさか」の対処で、運気は変わる

私たちは、何かイヤな出来事が起きると、すぐに「なぜ？」「どうして？」と、その理由を探してしまいます。

「なぜ、あんなことを言ってしまったんだろう？」

「どうして、あの人は、私のもとから去ったのだろう？」

でも、イヤな出来事について、その都度「なぜ？」「どうして？」と自分に問いかけていると、思考はますますネガティブな材料を探しはじめて落ち込んでしまいます。それと同時に、あなたの運気も下降するでしょう。

そこで、どうせ「なぜ？」「どうして？」と問いかけるなら、それをポジティブな質問に変えてみてください。

「ここからどういうことが起きたら、人生大逆転になるのだろう？」

自分が病気になってしまった、あるいは、仕事を失ってしまった。その事実を

受け入れて、「そこから、どうするのか」を考えるのです。

素晴らしい未来を見ようとすると、本当にそれが見えてくるものです。

私たちは、一日に何百回も質問を無意識に繰り返しているといわれますが、自分にいい質問をすれば、ポジティブな材料がたくさん集まってきます。

あなたの人生を開くような質問を日常的にしましょう。その質問を聞いただけで、あなたがワクワクできるようなものです。

たとえば、「ここから、どんな奇跡のドラマが起きるのだろう?」、「誰が助けの手を差し伸べてくれるだろう?」、「どんな才能が新しく開花するのだろう?」といった質問を自分にしてみるのです。

すると、ポジティブな答えが返ってきます。

自分の楽しい未来、ワクワクするような世界が見えてきます。

自分を上げてくれる質問をいつも、いくつか用意しておきましょう。

そして、ちょっと気分が落ちがちなときに、それを自分に投げかけてみるのです。きっと、それだけで気分が変わると思います。

□次は、どんなドアが開くのだろう？

人生にピンチはつきものです。ミスやトラブルが生じるときもあれば、想定外の災難に見舞われることもあります。

そういうときには、ネガティブになるのではなく、ピンチのなかに「いいところ」を探してみましょう。

ピンチから学べることはたくさんあります。平常時には思いもしなかった方法を試したり、大胆な行動力を発揮できたりもします。そうして大変な修羅場を潜り抜けたぶんだけ、人は成長していきます。こうした、ピンチと思える状況のなかに隠されている、素晴らしい点を見いだすのです。

ピンチのときは、なかなかポジティブになれないかもしれません。それでも、本気で探してみれば、助けてくれる人がいたり、気づかなかった強みを発見できたりと、きっとピンチのときならではの「いいところ」が見つかります。

ピンチは、あなたの未知なる才能を開花させてくれます。今ピンチに陥っている人は、自分にこう問いかけてみてください。

「次は、どんなドアが開くのだろう?」

ピンチだからこそ、あなたの才能を解き放つ新しいドアが、開かれるのを待っているのです。

旦那さんがリストラされて、仕方なく働き出した主婦が、セールスの才能を見いだしたり、まったくやったことがないプログラミングの仕事をやって、才能を発見したりします。そういうことは、やってみないとわからないのです。

実際にやってみて、初めてまわりがびっくりするくらいの才能が開花したりします。あなたも、驚くかもしれません。

私が三四歳ではじめて文章を書きはじめたとき、スラスラ書けることに、自分が一番驚きました。それから二〇年、毎日ずっと文章を書いてきて、それでも飽きないことに、今でも不思議だなぁと思うことがあります。

ピンチのときこそ、あなたに素晴らしいチャンスの扉が用意されています。

□今この瞬間をワクワクしながら生きる

どんなに成功しているように見える人でも、話を聞くと、数々の挫折を経験し、本人としては最初に考えていたとおりの人生を生きていないとわかります。どちらかというと失敗のほうが多かった、という人もいるぐらいです。

それでも皆、幸せに生きています。つまり、思いどおりに生きられないことは、決して不幸なことではないのです。

何もかも思いどおりになれば、それは楽しい人生でしょうか？

人生はピンチの連続だからこそ、楽しく充実するともいえます。思ったとおりではなく、思わぬ展開を見せてくれるからこそ、人生はつらく、楽しいのです。

最もつまらないのは、できるだけ失敗しないように生きることです。

今この瞬間をワクワクしながら生きる。そんな姿勢が、素敵な運を、あなたに運んできてくれるでしょう。

おわりに

この本を最後まで読んでくださって、ありがとうございました。あなたの貴重な時間を使って本を読んでくださったことに、心から感謝します。

この1分間コーチングは、Voicyという音声アプリで毎朝配信してきた番組をもとに、加筆したものです。

毎日、無料でお届けしているので、この本を読んでくださって、役に立ったと感じた方は、ぜひVoicyの番組も聞いてみてください。

たった一つの考え方を知るだけで、人生は激変します。ものの見方を変えるだけでいいのです。そこから、人生が楽しくなることを、私はこれまで何十回も体験してきました。

きっと、あなたも、本書の考え方で、ハッとしたことがいくつかあったのではないでしょうか。

そういう気づきを実際の行動に移すことができたら、なお素晴らしいですね。

きっと、そこから、これまでとは違った体験をすることになると思います。

人生は、あなたが積極的に動けば、面白くなります。

あなたが何もしなければ、何も起きません。

そういう意味では、あなたが主人公なのです。

いろんなことが起きて、自分の思いどおりにはいかないことも多いでしょうが、
それでも、あなたに選択権があります。

人生で降りかかる災難のようなことを変えることはできませんが、それにどう反応するかは、あなた自身で決められます。

どんなときも、幸せを選択できるあなたをつくってください。

それができれば、何が起きてもニコニコして幸せな毎日を送れることでしょう。

紅葉の美しい八ヶ岳にて

本田健

本作品は当文庫のための書き下ろしです。

本田 健（ほんだ・けん）

作家。神戸生まれ。経営コンサルタント、投資家を経て、29歳で育児セミリタイア生活に入る。4年の育児生活の後、執筆活動をスタート。インターネットラジオ「本田健の人生相談」は5000万ダウンロードを記録。代表作に『ユダヤ人大富豪の教え』『20代にしておきたい17のこと』など、著書は200冊以上、累計発行部数は800万部を突破している。2019年には英語での書き下ろしの著作『happy money』を刊行。世界40ヵ国以上で発売されている。大好きなことをやっていきたい仲間が集まる「本田健オンラインサロン」も好評。

だいわ文庫

本田《ほんだ》健《けん》の人生《じんせい》を変《か》える1分間《ぷんかん》コーチング

著者 本田《ほんだ》 健《けん》

二〇二二年二月一五日第一刷発行

発行者 佐藤 靖
発行所 大和《だいわ》書房
東京都文京区関口一―三三―四 〒一一二―〇〇一四
電話 〇三―三二〇三―四五一一

フォーマットデザイン 鈴木成一デザイン室
本文デザイン 福田和雄（FUKUDA DESIGN）
本文印刷 厚徳社
カバー印刷 山一印刷
製本 ナショナル製本

ISBN978-4-479-32000-5
乱丁本・落丁本はお取り替えいたします。
http://www.daiwashobo.co.jp